新时期大学生就业创业能力提升策略探究

朱晓艳　胡鹤泷　梁阿妮◎著

线装书局

图书在版编目（CIP）数据

新时期大学生就业创业能力提升策略探究/朱晓艳,胡鹤泷,梁阿妮著.--北京:线装书局,2022.11
ISBN 978-7-5120-5282-6

Ⅰ.①新… Ⅱ.①朱… ②胡… ③梁… Ⅲ.①大学生—职业选择—研究 Ⅳ.①G647.38

中国版本图书馆CIP数据核字(2022)第226120号

新时期大学生就业创业能力提升策略探究
XINSHIQI DAXUESHENG JIUYE CHUANGYE NENGLI TISHENG CELÜE TANJIU

作　　者：	朱晓艳　胡鹤泷　梁阿妮
责任编辑：	林　菲
出版发行：	线装书局
地　　址：	北京市丰台区方庄日月天地大厦B座17层（100078）
电　　话：	010-58077126（发行部）010-58076938（总编室）
网　　址：	www.zgxzsj.com
经　　销：	新华书店
印　　制：	北京四海锦诚印刷技术有限公司
开　　本：	787mm×1092mm　1/16
印　　张：	11.25
字　　数：	218千字
版　　次：	2023年5月第1版第1次印刷
定　　价：	58.00元

线装书局官方微信

前言

随着中国高等教育从"精英教育"向"大众教育"方向迈进，高校毕业生人数出现井喷式增长。2001年，全国高校毕业生人数仅有115万，到2020年的874万人，20年间，毕业生人数增长了759万，2022届毕业生规模已突破千万。与此同时，中国宏观经济已进入换挡提质、转型升级的新常态，社会总体就业岗位趋于减少，而对高素质、创新型人才需求却逐渐见长。对大学毕业生而言，这不仅是巨大的机遇，还是挑战。

一般而言，大学生就业形势与社会整体环境休戚相关，就业观念和形式随着社会的发展而不断变化。自20世纪90年代以来，中国大学生就业方式经历了计划分配阶段、双向选择阶段和现在的多元化就业选择阶段，发生了巨大的变迁。面对严峻的就业形势，大学生的就业压力与日俱增，它不仅牵系着一个家庭的幸福，还关乎着整个社会的和谐稳定与长治久安，可以说大学生就业是一个非常重要的民生问题。如今如火如荼的"互联网+"创业浪潮催生了一大批明星创客和企业。政府针对大学生就业、创业工作也出台了一系列的相关扶持政策。在这种社会大环境下，创业已成为解决大学生就业问题的新方向。近年来，随着中国政府对大学生就业、创业重视程度的提高，很多高校已经开始重视大学生的就业指导和创业教育。目前，已有学者投入大量精力来分析和研究相关问题，也获得了可喜的成果。

本书是新时期大学生就业创业方向的著作，从树立正确的就业观与求职技巧介绍入手，针对转变就业观念、大学生应有的正确的就业观、简历制作与笔试、面试与薪酬谈定进行了分析研究；另外，对大学生职业生涯规划与就业准备、适应职业与社会、职业能力培养与就业指导做了一定的介绍；还剖析了大学生创业精神与创业团队、创业机会与创业资金、企业的创立与经营；旨在摸索出一条适合新时期大学生就业创业的科学道路，帮助实践者在应用中少走弯路，运用科学方法，提高效率。对新时期大学生就业创业能力提升策略有一定的借鉴意义。

由于撰写时间仓促，加之作者水平有限，书中疏漏之处在所难免，敬请广大读者批评指正。

目 录

前言 ………………………………………………………………………………… 1

第一章　树立正确的就业观与求职技巧 ………………………………………… 1

　　第一节　转变就业观念 …………………………………………………… 1
　　第二节　大学生应有的正确的就业观 …………………………………… 3
　　第三节　简历制作与笔试 ………………………………………………… 6
　　第四节　面试与薪酬谈定 ………………………………………………… 11

第二章　大学生职业生涯规划与就业准备 ……………………………………… 22

　　第一节　职业认知 ………………………………………………………… 22
　　第二节　大学生职业生涯规划 …………………………………………… 26
　　第三节　大学生就业准备 ………………………………………………… 30

第三章　适应职业与社会 ………………………………………………………… 42

　　第一节　职业的适应与转换 ……………………………………………… 42
　　第二节　积极适应社会 …………………………………………………… 52

第四章　职业能力培养与就业指导 ……………………………………………… 66

　　第一节　职业能力与就业素质 …………………………………………… 66
　　第二节　就业心理指导 …………………………………………………… 81

第五章　大学生创业精神与创业团队 …………………………………………… 93

　　第一节　创新与创业的基本内容 ………………………………………… 93

第二节 创业精神与创业团队 …………………………………………… 105

第六章 大学生创业机会与创业资源 …………………………………… 125

  第一节 创业机会 …………………………………………………………… 125
  第二节 创业资源基本内容 ……………………………………………… 133
  第三节 创业融资 …………………………………………………………… 139

第七章 企业的创立与经营 ………………………………………………… 155

  第一节 企业创立前的准备 ……………………………………………… 155
  第二节 企业的经营与管理 ……………………………………………… 162

参考文献 ……………………………………………………………………… 170

第一章 树立正确的就业观与求职技巧

第一节 转变就业观念

当前乃至今后的几年,大学生的就业形势依然严峻,就业任务十分艰巨。造成大学生就业难的原因是多方面的,有客观原因,也有主观原因;有政府决策机构的原因,也有社会上各用人单位的原因;有学校的原因,也有学生自身的原因。就学生自身的原因看,有自身综合素质不能适应社会需要的原因,也有思想观念不适应就业形势的原因。思想是行动的先导,思想决定选择,选择决定命运。要实现顺利就业,大学生首先必须克服在就业问题上的各种思想误区,树立正确的就业观念。

我们来看一个案例。(人物为化名)

张涛和刘斌是大学同窗好友,毕业时都面临着找工作的问题。他们两个人同时看好广告公司,"意翔""创想""第八天"都是可供选择的单位。"意翔"是一家大型广告公司,而"第八天"和"创想"的规模则相对比较小。

刚开始时,张涛与刘斌一起向"第八天"投递了简历,并同时进入面试阶段。不过,张涛没有去参加"第八天"的面试,他只想全心全意地准备"意翔"的面试。因为他觉得,"第八天"毕竟规模有限,知名度低些,现在的广告行业竞争这么激烈,还是大公司好些,毕竟"大树底下好乘凉"。

刘斌劝张涛给自己留条后路,别只盯着一个单位。但是张涛在这件事情上看法不同,认为大丈夫做事不能总是瞻前顾后,想着留后路。

刘斌觉得"第八天"虽然比不上"意翔",但也还不错,一些广告创意和对市场的预测确实很有见地。而且,"第八天"里年轻人多,富有锐意进取的意识,能进其创意部,也算是如愿以偿了。他从这里开始了自己的第一份工作。

张涛认真地准备着"意翔"的面试,仔细地分析"意翔"这几年的业绩和人员应聘的情况,为去那里应聘做准备。

后来,张涛通过熟人的关系,如愿地加入了"意翔"。虽然进不了创意部,但总算进了公关部。能进这家公司实在是不容易,只能先进去了再说。

"第八天"的业务在短期内有了长足的发展，一下子接了好几个大客户的订单，刘斌所在的创意部每天忙得不得了。

张涛的公司，大家都在忙碌，但他很无助，成堆的待处理文件，应接不暇的工作电话。他手忙脚乱地应付工作，想请教同事，别人都忙得无暇顾及。公司经理要找一个员工同他一起去见个大客户，张涛毛遂自荐，经理对他摇摇头说："这次你先不要去了，你对这些业务不是很熟，公关上也没什么经验，就让另一个同事去吧。"另一个同事却一副不情愿的样子，因为他还有好多文件等着处理，于是经理让张涛替这个同事处理文件。

由于刘斌的业绩突出，没过多长时间，公司便提拔他做创意部的副主管。

张涛虽然进了想进的公司，但是与他所想象的差得太远了，这样的公司，人才济济，各个岗位都有能力很强的人，新人根本没有什么机会。他的工作又与专业不对口，在公司里只能干点杂事，而且他的性格也不适合那里的企业文化。公司的工作量大且不说，还终日面临裁员的压力，真是感到力不从心。他以为进了大公司就能实现自己的价值，谁知最后得到的却不是最好的。

案例中的刘斌，不追求大公司、名企业，而是把是否适合自己、能否发挥自己的专业特长放在求职的首要位置，选择了"第八天"这样一家年轻的小广告公司就职。结果如鱼得水，让自己的聪明才智得到了充分的发挥，很快当上了公司创意部的副主管。而案例中的张涛却反其道而行之，一味追求大公司、名企业，全然不考虑所从事的工作是否适合自己、能否发挥自己的专业特长，选择了"意翔"这样一家大广告公司就职。由于专业不对口，加之大企业人才济济，竞争激烈，最后却没有得到自己想象的结果，长此下去还会面临被"炒鱿鱼"的风险。

为什么刘斌和张涛同是就职于广告行业，却出现了迥然不同的境遇？问题就在于两人的就业观念不同。前者的就业观念符合自身实际，没有过高的奢望，结果成功；后者的就业观念脱离自身实际，好高骛远，结果失败。真可谓一念之差，天壤之别。由此不难看出，就业观念作为一种思想意识，它的正确与否，不仅决定了一个人能否顺利实现就业，还决定了一个人能否事业有成。

转变就业观念不仅重要，而且必要。应当看到，随着市场经济的改革与发展，中国高校毕业生的资源配置机制实现了从计划配置向市场配置的转变。而我们一些大学生的就业观仍然停留在计划经济的求职模式上，习惯于靠"关系"就业，钟情于"铁饭碗"谋生。随着整个国家和社会的发展，中国的高等教育正在从精英化向大众化过渡，大学毕业生的知识优势在与其他劳动人口的就业竞争中已非从前那样明显；而我们一些大学生仍然存在着某种优越感，对激烈的就业岗位竞争缺乏应有的思想准备。随着中国近几年经济的高速发展，一些大城市和高层次的用人单位对人才的需求经过多年的补充已逐渐饱和，大学生的就业去向已经明显呈现向下的趋势，中小城市、乡镇基层单位、非国有企业已成为接收毕业生的广阔渠道；而我们的一些学生依然存在"水往低处流，人往高处走"的传统观念，在求职过程中一味攀高，不肯"屈就"，等等。这些情况表明，一些大学生的就业观念还不能适应变化了的新形势、新情况。因此，转变就业观念以适应新的就业形势，就显得尤为必要。

第二节 大学生应有的正确的就业观

一、遵循市场法则的就业观

在社会主义市场经济体制下，大学生的就业实行在国家政策指导下自主择业的方式。在这种与过去统包统分就业制度完全不同的就业方式中，大学生的思想就必须转变为以市场为导向的就业观念。我们每一个大学生都可以问一问自己，自己的思想观念、思维方式适应市场经济的需要了吗？经济体制发生了巨大的转变，不管我们喜不喜欢，愿不愿意，一切都要进入市场。企业进入了市场，商品进入了市场，人才也要进入市场。如果不想被历史的列车无情地抛下，就必须努力去认识市场，适应市场，树立人才的市场观念。

有的人认为，大学生的天职主要是学习文化科学知识，以后未必在经济领域工作，有无市场观念关系不大。这种看法是错误的。高校毕业生就业制度改革的一个重要特点就是把社会主义市场经济的重要思想——竞争，引入到大学生的就业之中，建立起公平的人才竞争环境。作为未来的科技文化人才，在市场经济环境中却不懂得市场规律，不懂得经济规律，是很难在经济大潮中站稳脚跟的。在经济舞台上，不仅是经济的竞争，更是人才的竞争，是把科学技术转化为生产力的竞争。人才的竞争，对于每一个大学生来讲，都是一种新的挑战。所以大学生必须树立市场竞争意识，才能与之相适应。我们必须深刻地认识到，人才的竞争对社会的发展和个人的成才有着十分积极的作用。只有通过平等的竞争，促使人们高水平、高标准地表现自己，发挥自己的潜力，才有利于人才的成长。只有通过平等的竞争，才能体现实力的较量，才能克服不正之风对人才成长的干扰，使有实力的人得到充分的发挥空间，整体地促进社会的发展。

要清醒地认识到，市场经济的供求规律同样深深地影响着人才市场。供不应求，择业的范围就大，就业就比较容易；供大于求，择业的范围就小，就业就比较困难。明白了这一市场规律，在求职择业时就不会一厢情愿地想当然，不会只想着自己有什么学历就应该得到什么工作，就应该有什么样的待遇。市场从来也没有什么"应该"的东西，它有自己不可逆转的运行规律。在人才供大于求的时候，对职位要求太高，肯定难以有人问津。所以，大学生应该在思想上树立市场观念。只有树立了市场观念，才能了解市场，认识市场，适应市场。只有树立了市场观念，才能强化自身的竞争意识，做好参与竞争的思想准备。

二、主动适应社会的就业观

强调这一点，是因为没有步入社会的大学生容易带着理想的标杆来测量社会，而忘了社会也会测量自己，社会总有不尽如人意之处。

在社会上生存，不比在象牙塔中议论遐想。一个按照某种强大的，包括企业文化、利益原则等在内的习惯秩序高速运转的机制，要求它的参与者必须融入、协调，才有利于自己的发展。否则，就会将之抛出轨道之外。这个秩序和习惯，对初入职场的大学生是个严峻的考验。所以大学生就业，首先要树立的就业观念或者说要做的思想准备就是要适应社会，而不是一味地强调让社会适应自己。如果不切实际，盲目地去寻找所谓"轻闲、高薪、社会名声高又自由"的"十全十美"的职业岗位，就算暂时就了业，也会很快被淘汰。

三、分阶段发展的就业观

阶段性就业观念，即不要总想着在就业时能"一步到位"——通过一次就业就能选择到理想的工作岗位，而是分阶段由低级向高级理想工作岗位迈进。

对于刚走出校门的大学生来说，单靠在校学习的知识是远远不够的，还必须通过数年时间的实践锻炼，才能使自己的专业水平和工作能力适应本职岗位的需要。这就要求大学生在就业时，应有明确的思想准备，从初级做起，从基层起步，不能奢望一步就登上自己职业理想的顶峰。如同一切事物的发展规律一样，就业也有一个循序渐进的过程，有一个由低向高的过程，不能急于求成。初级阶段的就业是大学生必须经历的择业的第一步，是步入社会生存、生活的起点，是为向理想的工作岗位冲锋积蓄能量的阶段。这一阶段的工作做足了、做好了，更高的岗位也就到了你的面前，而它们不是大学生初出校门时的能力定位。明白了这些，大学生才能够更踏实、更自信地实现就业。

四、先上岗后择业的就业观

先上岗，后择业，在工作岗位的变换中完成自己的就业定位，是大学生就业的重要方式。

有些大学生可能不是非常喜欢自己目前的专业和相应的工作岗位，而自己喜欢的专业和岗位一时又难以如愿，致使就业时迟迟难以做出抉择。这不是一两个毕业生面对的问题，而是有相当数量的毕业生面临着这样的两难抉择。要解决它，就要有一种科学务实的就业观，先就业，后择业。先就业，解决落实职业岗位的问题；后择业，按照自己的职业理想和社会的发展变化规划自己的职业发展路径。

生存是硬道理。自己的职业兴趣、职业要求可能会随着时间、社会和自己认识的变化而变化，现在的社会也不再是一职定终生的社会，不断变化的社会需求和不断调整的产业结构，提供了许多新的就业机会。就业岗位在变，就业者在变，就业者从事的岗位就不能不变。通过合理流动，就业者才能找到最适合自己的工作，才能发现最能施展自己才华的岗位。大学生应该有一个动态的就业观，把自己的职业发展定位成一个循序渐进、不断发展的过程，在毕业以后的职业变动中，逐步接近直至实现自己的职业目标。这个过程有可能是纵深发展式的，也有可能是横向跳跃式的。

五、勇于创业的就业观

如果自己有资金、有技术，除就业外，大学生可以考虑自主创业，开拓自己的一片新天地。自己创业，有利于在就业压力大、职业需求少的情况下闯出一条属于自己的路，发挥才干，发掘潜能，促进自我完善。教育部、人力资源和社会保障部、人事部等部委以及地方政府相继出台了许多优惠政策，鼓励和帮助大学生自主创业，灵活就业，实现自我价值。大学生要敢于立创业之志，走创业之路，建创业之功，树立自主创业观，通过自主创业解决自己的就业问题。

六、长远发展的就业观

参加国家的项目计划，到基层、农村、部队，或祖国需要的地方去，不失为21世纪高校人才一项明智的选择。现在国家推出了很多计划，如号召大学生应征入伍、到农村开展"三支一扶"等，并给予很多优惠政策。大学生如把个人发展与国家的需要结合起来，完全可以大有所为。

常言道，"人无远虑，必有近忧"。大学生的就业也是如此。如果只考虑眼前，把薪酬多少、工作条件好坏、利益得失看得过重，而忽视个人在实践中增长才干和长远发展，即便是一时就业，也难说是就业成功。有的同学在就业问题上屡屡受挫，有一个致命的原因，就是不愿为未来的发展机会做出眼前的牺牲。奉劝同学们，在就业问题上要"风物长宜放眼量"，把眼界放宽阔些，放长远些，更新自己的就业观念，调整原有的不合时宜的职业理想，把"为社会发展服务"作为自己的职业定位，把是否有利于自己的长远发展作为择业的首要标准。这样，自己的职业生涯发展将会是一片无限广阔的天地。

第三节　简历制作与笔试

一、制作与投递个人简历

(一) 个人简历的制作

1. 个人简历的基本要求

(1) 简洁

对于每天要收到很多求职简历、处理很多其他工作的人事主管来说，他没有精力也没有时间来看你的长篇大论。对他来说，一页纸包含的信息量就够了，最多不能超过两页，那些超重的"名片"通常会被直接过滤掉。

(2) 扼要

要学会抓大放小、突出关键，将人事主管最关心的信息如性别、毕业学校、专业、自我评价、相关资格证书、相关实习经验等凸显出来，删掉次要信息。

(3) 适合

简历的工作经历、资格证书必须与相关应聘岗位适合。

(4) 完整

必要的信息如联系方式、应聘岗位等不可遗漏。

(5) 准确

那些格式不规范或有错别字的简历会被人事主管毫不客气地删掉。

(6) 美观

简历内容的几大板块要布置得秩序井然、美观大方，让人一看就有好感。

2. 个人简历的基本内容

可分为以下几大板块。

(1) 个人基本资料

包括姓名、性别、出生日期、籍贯、血型、身高、联系方式等。

(2) 求职目标/意向岗位

即自己想应聘的职位，选择时注意区分相近职位的差别。

（3）个人能力

包括外语水平、计算机操作能力、特长爱好、某些职业资格证书等。

（4）教育背景（学历和相关培训）

按时间顺序介绍自己的教育经历，先写学历教育，后写接受过的培训。

（5）实践经历

包括勤工俭学、兼职、参加志愿活动的经历。

（6）自我评价

对自己的综合评价，既要突出自身的优点和长处，又不能夸夸其谈。

（7）获奖情况

自己曾经获得的奖励，包括校内和校外两方面。

3. 个人简历的基本格式

适于毕业生采用的简历格式有如下几种。

（1）编年体简历

这是按时间顺序排列资料的一种方式，可以分为顺时序和逆时序两种。顺时序比较常用，用人单位容易通过这种形式了解求职者的背景。但对最近实习经历或学习课程比较适合应聘岗位的求职者，使用逆时序较易突出亮点，给审阅简历者留下深刻的印象。

（2）能力型简历

这种简历强调的是个人的能力和成绩、特长，写时有较大的可选择性。

（3）表格式简历

这种简历便于容纳较多资料，如所修的诸多课程和相关成绩、业余爱好等，阅读起来方便有序。

（4）个性化简历

这是求职者运用自己丰富的想象力打破常规，在封面设计、字体、纸张、颜色、装订款式等方面独树一帜，以显示个性、独创性和专业能力的一种简历格式。这种简历一般适用于艺术、传媒、广告、出版等领域的求职者。

4. 制作简历小窍门

（1）模板可从网上下载

现在众多招聘网站都会提供简历模板，选一份或几份自己心仪的样式。

（2）应聘涉外岗位应有相应外文简历

为了使简历用语及格式更规范，建议使用相应的外文模板。

（3）多准备几份简历

适用于想应聘不同岗位的学生，免得总改头换面。

（4）在电子邮箱或者网盘中留一份 Word 文档

适用于自己没有电脑的同学，以备日后修改之需。

（5）应用格式对文字进行美化

适用于"基本情况""教育背景""工作经历"等板块说明文字，为使简历结构更清晰。处理方式有加底纹、下画线、倾斜、加粗等。

（二）个人简历的投递

简历制作好了，另一个关键问题也来了，在招聘旺季，人事主管每天要接到少则几十、多则成百上千份资料，如何保证自己的求职材料顺利地被送到人事主管手里并较先拆阅呢？这里面也有学问。下面我们就围绕投递简历的三种方式介绍一些小窍门，希望求职者注意。

1. 发送电子邮件

当前的绝大多数招聘单位均接收电子邮件简历，不过，通过网络投递简历应注意以下几点。

（1）写好主题

明确的邮件主题，如"应聘××编辑，×××的简历"，比那些宽泛的用语，如"应聘"之类的更能吸引招聘者。

（2）不要以附件形式发送

为避免电脑病毒传播，许多招聘单位拒收带有附件的电子邮件。因此，最好把个人简历嵌在邮件的正文中发送。

（3）选好了再发

一次给多家企业发送同一份简历，既浪费了自己的时间，又会给接下来的职业选择带来麻烦。建议求职者选择符合招聘条件，自己又比较中意的企业发送。尤其要注意的是，不要在同一单位应聘多个职位，否则会被认为缺乏诚意。

（4）及时确认

如果招聘单位留有联系电话，在发送电子邮件的第二天，应打电话到单位去进行确认。这样做的目的，一方面，是提醒用人单位注意查收；另一方面，也可借此机会表明自己应聘的诚意，机敏的求职者还可以借此机会多了解一些用人单位的信息。

（5）遵守招聘单位的规定

通过求职网站发送求职申请的应聘者要特别注意，很多用人单位在招聘信息中留下了接收电子邮件的邮箱,这时,你一定要将简历发送到指定地址,不要只在网页上点击"申请该职位"的按钮,看显示"发送成功"就算了,因为许多单位的人事主管有自己的惯用邮箱,而且,这也很有可能是精心设计的一道试题。没有仔细阅读公司的招聘信息或"过目即忘"的应聘者或许就在这一轮筛选中落榜了。

(6) 每天查收电子邮件

在简历中留下了自己邮箱地址的求职者,要注意查收每天的电子邮件。有的大型公司会直接通过电子邮箱和求职者联系,发送一些智力、性格倾向的测试题,然后根据在线测试结果决定是否约求职者参加面试。

2. 亲自携带前往

可事先打电话问好,再主动出击,找到应聘单位的主管或负责人,有礼貌地表明来意,双手递上个人求职材料。在对方看求职材料时,不要急于发问。等对方看了几分钟再发问时,应聘者应面带微笑地回答,同时洞察对方心理。总之,应尽量给招聘者留下一个良好的印象。

二、笔试

笔试,一般是一些规模较大的企业在招聘人数较多或者招聘重要岗位人选时所采用的一种测试方式。事实上,毕业生在应聘中遇到笔试的情况并不多,笔试的内容也比较简单,在此只做简单介绍。

(一) 笔试的种类和用途

目前求职中常见的笔试一般有四种,分别为专业知识水平考试、心理和智商测试、综合能力测试和国家公务员录用考试。

1. 专业知识水平考试

这种考试现在很受一些热门企业青睐,比如外贸、外资企业招聘员工要考外语,IT行业招聘员工要考计算机专业相关知识,公检法机关录用干部要考法律知识等。

2. 心理和智商测试

心理测试是要求被试者在一定时间内完成事先编制好的标准化量表或问卷,然后根据完成的数量和质量来判定其心理水平或个性差异的方法。一些特殊的用人单位常常以此来测试应聘者的态度、兴趣、动机、智力和个性等心理素质。

智商测试主要测试应聘者的记忆力、分析观察能力、综合归纳能力和思维反映能力。一些著名的跨国公司经常采用这种方法来测试他们未来的"准员工"是否具有不断接收新知识的能力。

为了应对这类测试，同学们可以先熟悉一下它的题型，做到心中有数。

3. 综合能力测试

综合能力测试兼有智商测试的要求，但程度要求更高，这种考试目的在于考察应聘者（毕业生）的文字、口头表达能力以及分析、解决问题的逻辑思维能力。比如，应聘者要在规定的时间内对一组数据、一组资料进行分析，找出其合理的地方和存在的问题，并设计出解决问题的方案；或提出一个论点要求给予论证或批驳等。这是对应聘者阅读理解能力，发现、分析和解决问题能力，以及知识面的全方位测试。

（二）参加笔试的注意事项

我们要强调的不是大家都知道的准时到场或不要忘了写姓名、保持仪容整洁、按秩序进场就座之类的问题，而是提防试题之外的测试。

这种考试方式之所以为一些用人单位欣赏，是因为他们认为，人在不提防时显露的素质最能反映一个人的真实面貌，而这恰恰是书面测试所不能提供的。如一家招聘市场主管的单位在笔试时给每个参试者发了一厚摞试题并说明每题一分，限时却只有30分钟。绝大多数应聘者拿到题目后，顾不得细看，就匆匆忙忙做了起来。只有一位参试者不但没有急着答题，反而"悠闲"地翻看起试卷来，结果，他在倒数第二页看到一行粗体字：如果你看到这行字，可以绕过前面的题目，直接从后面开始答题，因为我们需要的不是"反应敏捷"的答题者，而是善于思考、能够在纷纭复杂的局面中理出要点的人。结果可想而知。所以，参加笔试，一定要在试题之外多想想、多看看，以免误中机关。下面的小故事也许能启发你的思路。

小故事：

原来是"修正带"帮的忙

一家大型外贸公司招聘"单据员"，前来应聘的人很多，其中不乏名牌大学的毕业生。第一轮笔试下来，人事部助理将两份答卷放到了经理面前。这两个人的分数不相上下，可一个是名牌大学的本科生，一个是普通大学的专科学生，人事助理不能取舍。主管看了看两个人的答卷，指着那个专科生的名字说："就是他吧！"

这个"幸运者"走进公司的第一天，主管把他叫到了自己桌前，指着两份试卷对他说："你知道我们为什么选择了你，而不是那个分数相同的名牌本科生吗？"看到"新人"一脸的疑惑，主管指着他试卷上一处被认真涂改过的字迹解释说："是它帮了你的忙——只有你带了修正带，保持卷面的整洁。做单据，最需要的就是耐心和细心，做事时多想的一点儿和细心的态度，会比名校的证书更能保证我们工作的准确度。虽然，我们在文件中从不使用修正带。"主管很幽默地笑了笑。

点评：不要小看这多想的一点儿，也许就会帮助你成为"幸运儿"。因为，它反映了一个人做事的基本态度。知识是可以学习的，有些素质则难以在短时间内改变。好了，现在再去笔试，你想没想到事先将手机铃声模式调到振动？如果你的考官要求你回答出原先实习单位的规模、效益情况或你自己的隐私，你是否想到他有可能在考察你的忠诚度？因为，如果一个人不能为他原先就职的单位或自己保守秘密，也就不能在日后为他现在申请加盟的单位保守秘密。

第四节　面试与薪酬谈定

一、应对面试

所谓面试，就是用人单位对应聘者的当面考查测试。它是用人单位常用的一种招聘方式。掌握面试应聘的技巧，是能否顺利求职择业的重要保证。那么，如何应对用人单位面试呢？

（一）要具体了解面试的主要内容和形式

1. 要了解面试考什么

通常情况下用人单位在面试中主要测评以下内容。

（1）仪表风度

这是指应试者的体形、外貌、气色、衣着、举止、精神状态等。像国家公务员、教师、公关人员、企业经理人员等职位，对仪表风度的要求较高。研究表明，仪表端庄、衣着整洁、举止文明的人，一般做事有规律、注意自我约束、责任心强。

（2）专业知识

了解应试者掌握专业知识的深度和广度，其专业知识更新是否符合所要录用职位的要求，是作为专业知识笔试的补充。面试，对专业知识的考查更具灵活性和深度，所提问题也更接近空缺岗位对专业知识的需求。

（3）工作实践经验

一般根据查阅应试者的个人简历或求职登记表作些相关的提问。查询应试者有关背景及过去工作的情况，以补充、证实其所具有的实践经验。通过工作经历与实践经验的了解，还可以考查应试者的责任感、主动性、思维能力、口头表达能力及遇事的理智状况等。

(4) 口头表达能力

了解应试者是否能够将自己的思想、观点、意见或建议顺畅地用语言表达出来。考查的具体内容包括表达的逻辑性、准确性、感染力、音质、音色、音量、音调等。

(5) 综合分析能力

面试中，应试者是否能对主考官所提出的问题通过分析抓住本质，并且观点阐述透彻、分析全面、条理清晰。

(6) 反应能力与应变能力

主要看应试者对主考官所问的问题理解得是否准确，回答得是否迅速、准确等。对于突发问题的反应是否机智敏捷，回答是否恰当。对于意外情况的处理是否得当、稳妥等。

(7) 人际交往能力

在面试中，通过询问应试者经常参与哪些社团活动，喜欢同哪种类型的人打交道，在各种社交场合所扮演的角色，可以了解应试者的人际交往倾向和与人相处的技巧。

(8) 自我控制能力与情绪稳定性

自我控制能力对于国家公务员及许多其他类型的工作人员（如企业的管理人员）显得尤为重要。一方面，在遇到上级批评指责、工作有压力或是个人利益受到冲击时，能否克制、容忍、理智地对待，不致因情绪波动而影响工作；另一方面工作要有耐心和韧劲。

(9) 工作态度

一是了解应试者对过去学习、工作的态度；二是了解其对现报考职位的态度。一个在过去学习或工作中态度不认真，做什么事做好做坏都无所谓的人，在新的工作岗位也很难说能勤勤恳恳、认真负责。

(10) 上进心、进取心

上进心、进取心强的人，一般都有明确的事业上的奋斗目标，并为之积极努力。表现在努力把现有工作做好，且不安于现状，工作中常有创新。上进心不强的人，一般都是安于现状，无所事事，不求有功，但求无过，对什么事都不热心。

(11) 求职动机

了解应试者为何希望来本单位工作，对哪类工作最感兴趣，在工作中追求什么，判断本单位所能提供的职位或工作条件等能否满足其工作要求和期望。

(12) 兴趣爱好

通过应试者休闲时爱从事哪些运动，喜欢阅读哪些书籍，喜欢什么样的电视节目，有什么样的嗜好等，可以了解一个人的兴趣与爱好，这对录用后的工作安排非常有好处。

2. 要了解面试的主要形式

面试形式多种多样，可有多种分类方法。

(1) 根据面试的不同阶段划分

面试可分为初试和复试。

①初试

如果岗位有限而求职者众多，用人单位就要进行所谓的初试。初试的特点：第一，地点不一定在用人单位。相当一部分初试是在毕业生所在学校进行的。第二，时间短。由于参加面试的人数众多，每人面试时间一般只有 15 分钟左右，短的甚至只有几分钟。第三，初试是复试的开始，目的就是把不合适的人先筛选出去。第四，主考官可能有好几位，但他们的级别一般不会很高。

②复试

由于用人单位的差异，复试可能会进行好几轮。复试是一个精挑细选的过程。面试的时间较长，程序也较复杂，通常由级别较高的人来主持面试。最后一轮面试时安排应聘者与公司的高层管理人员见面。能进入最后一轮的都很优秀，但同样存在"差额"，也可能会被淘汰。

(2) 根据面试时人数的多少划分

面试可分为一对一、一对多、多对一、多对多、小组活动、共进晚餐（餐会）等。

(3) 根据面试采取的手段划分

①结构化面试

结构化面试又称标准化面试。该方法要求测评要素设计、试题构成、评分标准确定、时间控制、考官组成、实施程序和分数统计等必须按标准化程度进行。结构化面试中，被面试人回答同样的问题，主考官根据统一的评分标准进行评价，操作起来比较方便，而且公正。

②公文处理测验

这种面试要求应试者扮演某一特定角色，在规定时间内对来自工作各方面的文件、报表、信件和其他信息进行处理。考官根据应试者的处理情况，对其相关的能力素质做出相应评价。

③情景模拟

这种面试是指根据应聘职位要求，设置一定的模拟情景，将应试者安排在模拟的、仿真的工作环境中，要求应试者处理可能出现的各种问题，完成一个或一系列任务或活动，从而测评应试者的心理素质、实际能力和潜在能力。

④答辩法

答辩法是通过答辩方式来测评应试者的素质，其方法是让应试者对某一问题或观点进行辩论，考官从中评价应试者的逻辑思维能力、应变能力、语言表达能力和思考、分析问题的深度。

⑤小组讨论

这是一种集体面试的方法，要求一组应试者在给定的情景下围绕指定主题展开讨论。考官根据应试者在组中的讨论表现考查其参与的能力、分析问题的能力、协作能力、情绪调控能力、语言表达能力等。

（二）要充分做好面试的准备工作

凡事不打无准备之仗。对于毕业生来说，面试是给用人单位留下好的第一印象的关键，关系到能否成功就业，可谓是就业成败的一件大事，应该认真对待。一家企业只给你一次面试机会，你展现给招聘人员的第一印象是你面试成功的第一步。要保证这个印象是你最完美的一面，就要用心做好各方面的准备工作。

1. 准备好面试公司的相关资料

毕业生在面试前应对所应聘的公司做全方位、深入的了解。切记，了解他人是推销自己的前提。

对面试企业的深入了解也是接受企业文化的开端。不同的企业青睐不同的人才，如日本公司注重服从和等级观念，如果你面试时表现得个性张扬、喜欢自由，那么可能机会不大。欧美企业注重授权和创新，如果你表现得太过死板、唯唯诺诺，那么估计机会也不大。企业要找符合企业文化的人，面试之前，应该了解该企业的文化。

另外，还要好好研究招聘岗位说明。因为即使是同样的职位，每个企业之间的工作内容也常常是不一样的。例如，同样是招聘出纳，因公司的大小、公司的性质不同，所注重的东西也不同，大公司出纳会分出报销、公积金、收费等很多岗位；而小公司却要全面统管货币资金收支的人员。如果人家叫你主要去做银行结算及有关账务，你在那儿谈资金的筹集与使用等，那就风马牛不相及了。所以，在面试之前，要好好准备与职位相关的题目和答案。

谈论面试单位信息还可以拉近沟通距离。在面试过程中谈论用人单位的优点，是你与单位领导快速消除陌生感，拉近距离的桥梁。用人单位某些方面的不足，是你提出建设性意见，让对方认知你长处的切入点。

毕业生应尽可能多地了解用人单位的历史、现状、领导层的风格，掌握该公司的业务方向、产品特色、发展前景等，必要时，连带将该行业也做一下通盘了解，一是对自己的前程负责，二是以备应聘中的相关提问。如果应聘者一天要参加五六场面试，根本没时间准备，那么太多的机会就等于没有机会，不如选中两三家单位，集中准备一下，做到每一次面试都有备而来。

2. 准备好展示自己的资料

毕业生在面试时大多与用人单位是初次接触，彼此之间了解很少，甚至有许多学生在求职前尚未拿到毕业证书。因此，毕业生需要通过具体的材料，向用人单位展示自己在校学习阶段的基本情况及其他情况来推荐自己。毕业生应了解用人单位对应聘者的专业、能力、个性等专门要求，有重点地做好自荐材料准备。

自荐材料包括以下几个方面内容：个人简历、求职信、推荐书；学习成绩材料，包括学习成绩单、英语和计算机等级证书等；荣誉证书，如三好学生、优秀学生班干部、优秀青年团干部、优秀团员、工作积极分子、优秀毕业生以及各种社会实践活动、各种竞赛活动的获奖证书等；科研成果证明材料，如发明专利证书、学术论文、有一定价值的科研成果报告等；其他能力或已具备某方面素质的材料，如汽车驾驶证、技能鉴定证、上岗证或其他培训获得的证书等。

3. 准备好自我介绍

自我介绍是面试开场的第一出戏，只能成功不能失败。自我介绍的目的是宣传自己、表现自己，给面试考官留下良好的印象，最终使用人单位能录用自己。因此，根据求职公司、求职岗位的特点，要明确目的，围绕这一目的宣传自己、表现自己。对自己的介绍内容要根据用人单位的条件和招聘者的心理需求选择介绍内容：（1）开始要介绍自己的概况，如姓名、学业等，然后要将你的求职愿望、打算、所具备的条件等方面向面试考官作系统阐述。（2）要力求简洁明了，突出重点。（3）在态度上要诚恳平实，不过分渲染自己的业绩，不过高地评价自己和为了推销而"推销"自己，以免给面试考官留下华而不实、自我炫耀的印象。（4）是介绍而不是详谈，即使你有能力胜任所求的职位，在自我介绍时也不要对技术、能力、资历等和盘托出。留在后面随着面试的深入再表露出自己的实力，会给对方以诚实谦逊、含而不露的美好印象。

自我介绍要形成自己的套路、自己的特色，要向孔雀学习，用 2 分钟向整个世界展示自己的美。准备自我介绍的最好方法是认真写下来，反复修改，然后大声地读出来、背下来。也可以请亲朋好友帮助，找出自己找不出的毛病。事先多演练几次，效果自然不一样了。

4. 个人形象准备亦不可忽视

（1）面试着装

首先是选择合适的装扮，了解自己的身材、脸形、个性特质以及工作需求，再参考专家的意见，设计出既具个人风格又符合工作场合的造型，没有必要穿名牌，但是看上去男生要给人感觉很利索、协调，女生看上去要干净、大方，不合适的穿着往往会让应聘者在一开始就被淘汰出局。

常言道:"三分容貌,七分打扮。"在求职面试时的着装,一定要讲究搭配合理、色调和谐,尽量给人一种"信得过"的印象。较为正式又略带学生气的着装既显得大方,又能展示出年轻人朝气蓬勃的特点。服饰要适合应聘工作的需要,根据所应聘的工作性质和类型,确定自己的穿着,这是一个较稳妥的做法:①应聘工作的性质比较严谨,需要穿一套正规的服装,建议选择端庄、柔和的颜色,而不宜选择会给人压抑、呆板、缺乏创意之感的黑色、灰色;②应聘工作比较讲究创意,可以穿得稍微休闲一点,力求显示出自己的创造力,但是要达到顺眼、耐看的视觉效果,而不要表现得另类、超前;③如果很不习惯正规套服,为了避免不合适的服装而毁了面试,建议面试时也可以穿自己衣服中最接近职业装的衣服;④即使经济条件不是很好,一件旧上衣配上一条质地不错的下装,同样不会让人感觉邋遢,会是一个很不错的选择。

(2) 面试礼仪

通过一个人的行为、态度、肢体语言、着装打扮,甚至眼神、语气在内的很多细节,可以向招聘者传情达意、传递信息,透露出一个人的素质。求职的礼仪,实质上是求职者的修养在求职过程中礼节、礼貌方面的体现。礼节、礼貌是在求职过程中和就职的最初阶段对我们以往形成的礼仪习惯的一次检验,而不是一套新的求职礼仪,是要靠我们平时生活中的积累和沉淀。礼仪常常体现在我们生活中最细微之处,它反映一个人的家庭教养、朋友氛围,透视出在中小学时期甚至幼儿园阶段的教养。求职礼仪是礼仪平时的积淀在求职过程中瞬间短暂的展示。所以,平时要多对自己的礼仪修养"盘点""修整"。

(三) 要熟练掌握面试问答应对技巧

求职者能否成功录取,面试起着决定性的作用。因此求职者应该花些心思学习面谈的应对技巧,方能受到主考官的青睐。

1. 应试者要学会倾听,并积极应和

注意倾听是交流信息的一种技巧,也能显示对考官的尊重。只有通过认真倾听,才能抓住问题的实质,否则,就可能不得要领,答非所问。注意面试人的兴趣所在和表情变化,并把自己的看法与之联系起来。不管是什么问题,都要做出回答,这是最基本的原则。对于考官的问题,有的虽然刁钻,但可能是测试你的应对技巧、反应能力,不管你的反应能力如何,总得有一个答案,如果拒绝,那么你获胜的机会就降低了。如果你对自己是否胜任新工作还不太肯定,可以向面试者多提一些问题,大多数面试人会欣赏你勇于提问和善于倾听与对答的能力。

2. 诚实坦率

有些涉及专业性很强的问题,而你又确实不懂,你就坦率承认,千万别说"我想想",

再怎么想也没有结果，会给考官留下不懂装懂的印象。有时考官出这样的题纯粹是想验证一下你是否诚实，如果你坦率承认自己不懂，就正好可以通过考官的测评。

3. 改变用字遣词

说话时语调明亮开朗，当然是必要的。但如果以为发音字正腔圆、声音洪亮，就算是"会说话"，未免过于简单了。谈话最重要的还是要能触动对方的思维，清楚表达自我意见。要在言谈中表现出诚恳的态度，让对方愿意用心倾听，就必须在用语及说话方式上多加注意。下述几个要点，可以当作参考：在谈话时要集中精神，但所谓"集中精神"和"过分在意"在程度上是有所不同的，专心过头会让人紧张不已、表现失常。再者，很多人会犯的一个毛病，就是话到语尾就变得模糊小声，给人不够诚实、缺乏自信的印象。说话要注意语速、语气。面试谈话时语速应不快不慢，调整好间隔，能使人感到你思路清晰，沉着冷静。语气最好使用平和的陈述语气，不宜使用感叹语气。

4. 毛遂自荐，扬长避短

面试要展现自己的优点。事实上，在美国自我推销也被认为是商业能力中相当重要的一环。尤其面试是向主考官展现个人能力的唯一机会，错过的机会不可能重来。因此，在面试的时候，过分谦虚反而无法让对方了解你真正的实力。当然，也不能夸大其词。在"傲慢"与"自卑"中，要把握好度。所谓自我推销，绝非滔滔不绝说自己多么精明能干、多才多艺，而是要站在对方的观感来思考陈述的方式。也就是说，抛弃过于主观的表达，以较客观的方式品评自我，其间可以加入别人曾给你的正面评价或赞美。如此一来，听者也能够充分了解，方能真正达到"毛遂自荐"的功用。

5. 条理清晰、风趣幽默的说话方式

语言无非是将所见所闻和心中感受传达给对方的一个工具。因此，为了让对方能清楚明白你想传达的意思，就必须条理清晰、富有逻辑，这可以在日常生活中注意训练。比如坐车的时候，就可以试着观察周围的人，然后设法以语言形容，还可以加上自己的观点和想法；用餐的时候，试着去评论菜色；或是将电视调为静音，让自己看着画面来说故事。此外，也可尽量争取担任宴会司仪的工作，绝对会对你有很大的帮助。生动形象、风趣幽默的语言有助于增强语言的吸引力，融洽和活跃谈话气氛。

6. 学会反问，打破沉默僵局

（1）面试开始时，应试者不善"破冰"（即打破沉默），而等待面试官打开话匣。面试中，应试者又出于种种顾虑，不愿主动说话，结果使面试出现冷场。有时面试官长时间保持沉默，有意来考验求职者的反应。遇到这种情况，许多求职者因没有思想准备，会不知所措，陷入困境。应付这种局面的方法有：顺着前面谈话的内容，继续谈下去。如"您对刚才我回答的问题还有什么疑问吗"。预先准备一些合适的话题，乘机提出来，来打破僵局。打破沉默时语音语调不要生硬，避免使场面显得尴尬。

（2）实际上，无论是面试前或面试中，面试者主动致意与交谈，会留给面试官热情和善于与人交谈的良好印象。最重要的是，如果能够在面试时，提出漂亮的问题，录取的概率将会大大提高。所以，无论如何，参加面试前，先谨记10个可以反问主考官的问题，以便到时候可以提出。贵公司对这项职务的工作内容和期望目标是什么？有无自己可以努力的方向？贵公司是否有正式或非正式教育培训？贵公司的升迁管道如何？贵公司的多角化经营，而且在海内外都设有分公司，将来是否有外派、轮调的机会？贵公司能超越同业的最大立基点为何？在项目的执行分工上，是否有资深的人员能够带领新进者，并让新进者有发挥的机会？贵公司强调的团队合作中，其他成员的素质和特性如何？贵公司是否鼓励在职进修？对于在职进修的补助办法如何？贵公司在人事上的规定和做法如何？能否为我介绍一下工作环境，或者是否有机会能参观一下贵公司？

（四）不要忘了面试结束后的工作

面试结束并不意味着求职过程的终结。大型企事业单位会事先公布招聘程序，但过程中会调整，要积极主动地与用人单位联系，及时得到信息。对于小型公司来说，可能随意性很大，这就更要与用人单位保持密切联系。面试后的行动也是整个面试的一个组成部分，是面试的延续，应当注意面试后的礼节行为。机会属于主动的人。

面试结束后，无论面试的结果如何，都要跟面试考官礼貌地表示感谢，迅速将自己的物品和自己制造的垃圾带离面试室。如需要关门，轻轻地带上门。

回去后不必过早打听面试结果，在耐心等待消息的同时，应及时给面试考官写一封信，或打一个电话，一是礼节周全，二是有可能在用人单位举棋不定之际，你的信函（电话）起到了促进作用。信函的内容如下几点。

开篇，以诙谐幽默的一两句话让面试考官回忆起候选人（你）是谁。对面试考官的热情接待表示感谢，就其对面试者的严谨、公正、认真、负责表示敬意，对占用了对方的宝贵时间表示歉意。

第二段，利用面试中发生的一个小细节，或者小插曲，感谢或夸奖一下面试考官，或者发表一下感想。

第三段，把在面试中自己表述不够充分的主要问题，简要补充说明一下。

第四段，再次强调一下自己的优点。

最后，表达加入该团队的渴望，并表达自己的祝福。

从上面的描述中可以看出，感谢信的核心并不是感谢，而是夸奖对方，弥补自己在面试中表现出的不足，并再次自荐。

面试结束后只有两种结果，应聘者要么被录用，要么被淘汰。在面试后的几天内，一般不要外出，保证你的通信设备畅通，以免用人单位有事联系不上你。

二、如何谈薪酬

(一) 了解用人单位薪酬的方式方法

毕业生由于缺乏对市场行情的了解，往往不能对自己进行准确定位从而无法提出合理的薪酬要求。因此，在和用人单位讨论这个问题之前，有必要做好相关的准备工作。

1. 正式谈之前

（1）间接渠道

可以通过一些大城市的人才交流中心、网站、同学、老师和一些校园 BBS 进行了解，同时，将影响薪酬的因素如城市、行业、学历、经验、市场供需状况、企业性质等考虑进去，做到心中有数。

（2）直接渠道

①通过该单位的员工了解

可以直接去单位向一些员工请教，了解该单位的薪酬体系、当初他们进单位的薪酬等，这些都具有直接的指导意义。

②通过招聘人员了解

可以采用出其不意的战术，缝里插针，趁招聘会上摊位前人较多的当儿，不失时机地插一句："这个岗位的收入大约是多少？"由于招聘者当时正被众多求职者"围攻"，忙得焦头烂额，此举很可能会让他在不经意间"透露真相"；如果他不愿回答甚至有反感反应，也不要紧，因为此时人多，他不大可能记住应聘者，因此也就不必担心他会"秋后算账"。

2. 面谈中

要了解用人单位的薪酬状况，不但可以通过谈判前的调查打探得到，也可以通过谈话中的"你来我往"获知必要信息，这就需要求职者掌握一些常用技巧。

（1）善于发问

了解用人单位薪酬的方式中，有一个是善于发问，让对方多讲，从而了解足够的信息。当经过几轮面试，面试官会问应聘者："你还有什么想了解的问题吗？"应聘者就可以问："像你们这样的大企业应该有自己的一套薪酬体系，可以简单介绍一下吗？"面试官一般会简单介绍一下。如果介绍得不太详细，应聘者还可以问"贵公司的薪酬水平在同行业中的位置是怎样的；除了工资外，还有哪些奖金、福利和培训机会；试用期后工资的加幅是多少"等问题，根据对方的回答，再对照一下市场行情心里就有底了。如果应聘者对自己定的薪酬还是把握不准，也可以把问题抛给对方："我想请教一个问题，以我现在的经历、学历和面试中您对我的了解，我在公司的薪酬体系中大约居于什么水平？"这时对方很可能会透露准备为应聘者确定的薪酬水平。

(2) 类比推算

面试时，在问到工作经历时，面试官往往会问及应聘者现在的收入情况。应聘者可以在回答了对方的问题后，不失时机地反问一句"这个标准与贵公司的相比如何"，这时，面试官一般不会回答准确数字，因为有了参照物，他的回答也许会含蓄些，比如"我们提供的薪酬不会低于你过去的收入"或"目前我们可能还达不到这个水平，但差距不会很大"。通过这些回答，应聘者可以推算出新岗位的大致薪酬。

(3) 以退为进

有一些用人单位的面试官在面试时会主动问："你期望的薪酬大约是多少？"此时，应聘者可以以退为进，提出反问"我愿意接受贵公司的薪酬标准，不知按规定这个岗位的薪酬标准是多少"，这样，应聘者不但没有露出自己的底，而且有可能摸清对方的底。

(二) 向用人单位提出薪酬问题的时机和方式

几乎没有一个求职者不想尽快知道自己应聘的这个岗位的薪酬状况，这就牵涉到一个应聘者是否应该主动提、什么时候提以及提的方式的问题。

关于前两点，专业人士称，在人才市场递交简历、双方交换信息的时候，一般不适合谈薪酬。到了面试阶段，如果双方谈得比较满意、企业对你比较看好、要招聘你进来的时候，可以提薪酬问题。

至于最后一点，专家建议，虽然求职者在合适的时机主动向用人单位提出薪酬问题是可以的，但要注意方式，一般以询问式为佳。

这时要注意以下几点。

1. 不要开门见山地讨论薪酬

尽管面试双方都不会讳言薪酬问题，但是求职者一开始就直奔这个话题，容易给人过于计较金钱的印象，使面试者对求职者的第一印象大打折扣。可以采取先宏观再微观的方式，事先做好铺垫。如先从大的面上了解一下这个企业的薪酬标准和薪酬政策，以及个人所应聘职位的发展空间，然后再就个人所得"讨价还价"。

2. 最好让面试者先谈及这个问题

按照一般的招聘程序，面试者在对求职者的能力、个性和工作态度等有了一个初步印象之后，会主动向求职者介绍公司的薪酬情况或问求职者"你的期望薪酬是多少"，这时，求职者可以很自然地将自己的要求提出来。

3. 只说范围

譬如说，要求薪水在3000～5000元之间，瞄准中位数。如果用人单位一定要应聘者说出个明确数目，可问他愿意付多少，再衡量一下自己能否接受。理想的薪酬数，应是用人单位和应聘者双方都能接受的，这方面应聘者应采取灵活的态度。

在这个过程中，既要目的明确，清楚地知道自己的要求，即在这个问题上最理想的情形是什么，如薪酬、保险、职衔和休假等；又要有战略的眼光和考虑，抓住自己最想要的东西，同时在重要的问题上做好让步的准备。

（三）争取更好薪酬的方式方法

对于应聘者来说，与用人单位谈薪酬的实质是争取更好的薪酬，为达这一目的，建议应聘者考虑下列方式。

1. 迂回战术求高薪

如果应聘者对用人单位开出的薪酬不太满意，可以尝试用探讨式、协商式的口气去争取好一些的薪酬。比如，"我认为工作最重要的是合作开心，薪酬是其次的。但上次应聘的单位月薪是××××元，如果选择贵单位的话就希望自己能有点提高，如果不是让您太为难的话，您看这个薪酬是不是可以提高一点"，这时要看对方的口气是否有松动，如有松动则可以再举出更高薪的理由；如果对方的口气坚决，则可以迂回争取高薪，比如缩短试用期，应聘者可以说："我对自己做好这份工作是很有自信的，您看能不能一步到位直接拿转正期的工资，或者把3个月的试用期缩短为1个月？"

2. "额外工资"多争取

"额外工资"是指除正式工资外的奖金、福利和津贴，在这方面应聘者要大力争取，但是，在争取的过程中要注意察言观色、见好就收，不要提过度要求。否则，对方破例后也会以更高的要求来考核应聘者，还可能答应了，最后不兑现。

总之，好的薪酬是要靠实力得到的，应聘者向用人单位要求较高的薪酬，关键在于充分展示自己的实力。如果用人单位很认同应聘者的实力，而且应聘者要的薪酬不是高得太离谱，大部分情况下所提要求都会得到满足的。

第二章 大学生职业生涯规划与就业准备

第一节 职业认知

一、职业的概念

职业是人类社会发展到一定阶段的产物。职业是指人们从事相对稳定的、有收入的、专门类别的社会劳动。职业是人的一种社会活动和生活方式,又是一种经济行为,也是人们从社会中谋取多种利益的资源,它对于每个人都极为重要,是一个人社会地位的一般性表现,也是一个人的权利、义务、职责。

人们从不同的角度出发,对职业的概念有不同的论述。

中国自古就有"职业"一词,从词义的角度解释,"职"有"社会责任""权利与义务"的含义,而"业"是以某种特殊的技能"从事某种业务""完成某种事业"。

在现实生活中,人们无不与职业活动发生着紧密的联系,职业活动几乎贯穿于每个人的一生。人们在生命的早期阶段接受教育与培训,是为将来的职业活动做准备。人们从青年时期走入职业生涯,到老年最终离开职业岗位,长达几十年,即使退休以后,还仍然参与职业活动,因此,职业活动是每个人社会生活中的重要组成部分。

在社会生活中,每一个有劳动能力的人都要从事一定的生产劳动或工作,用以维持生活,承担社会义务,促进社会发展。人的社会生活和工作领域是非常广阔的,职业门类极其繁多,但每个社会成员却只能在某个领域做某种具体工作,以其有限的生命在有限的空间内占有一席位置,这就是他的职业。从社会生产的角度来看,职业是社会分工的结果,一定的社会分工或社会角色的持续实现,就形成了职业。

综上所述,职业具有经济性,即从中取得收入;职业具有技术性,即可发挥才能和专长;职业具有社会性,即承担生产任务,履行公民义务;职业具有促进性,即符合社会需要,为社会提供有用的服务;职业具有连续性,即所从事的劳动相对稳定,是非中断性的。

正确认识职业的概念是正确制定个人职业生涯规划的基础条件。对大学生来说,深刻理解职业的内涵,结合自己的特点选择职业非常必要。

二、职业的意义

（一）职业是人的生活方式

无论是男是女，不论年长还是年少，不论家庭背景、教育程度、个人志向如何，在人的一生中，都要遇到职业问题。在一个人漫长的一生中，有着长达三四十年的职业生涯；在进入职业之前的十几年、二十几年，其学习经历和生活经历与未来的职业预期有一定联系；年老退休以后的生活，也与以前的职业关系甚大。

因此，可以说职业是关系着每一个社会成员一生的重大问题，是人的一种重要生活方式。

（二）职业是人的社会角色

在人类社会产生以后，有了劳动的分工，也就产生了种种职业。社会越发展，职业种类也就越多。可以说，职业是一个有着广泛内容的博大精深的领域。

人，一般都在某种职业岗位上工作，这就使每个人都成了"职业"这个社会劳动大机器中的一个部件，受到社会方方面面的影响，又在社会的运转中扮演着一个特定的职业角色，如工人、厂长、工程师、总统、自由职业者、演员、导演、教师、军官等。

（三）职业是关系各层面的大事

职业，是一种重要的社会现象，在人类社会的各个层面中都有其重要性。职业是关系个人前途的大事。从个人的角度看，职业是一个人的生存方式，是其生活的物质基础；同时也是个人从事社会活动的主要领域。在适宜的条件下，职业及其活动内容能成为个人奋斗的目标与为之奉献的事业。

职业是关系家庭状况的大事。从家庭的角度看，职业是需要做出重大选择的事情，甚至是家庭得以建立和维系的重要因素。家庭关系的另外一个内容是代际关系。为人父母，都希望子女有前途、有成就，所谓前途和成就也就是后代在职业方面的成功。解决好夫妻双方、父子两辈的职业选择、发展、晋升、调动等问题，在自己所热爱的岗位、热衷的领域工作，是任何一个家庭都关心的重大问题。

职业是关系社会局面的大事。从全社会的角度看，职业是构成社会存在的基础，及构成社会运行的一种具体方式，也是构成社会成员的阶层划分与社会地位的归宿。职业，涉及人们从事社会生活的动力；涉及人的社会关系；涉及社会的矛盾和冲突；涉及社会财富和利益的分配；涉及一个社会的平等与效率选择。

（四）职业体现人与人的社会关系

职业实质上实现了劳动者与生产资料的结合，体现着人与人的社会关系。人们通过职业活动不仅满足了自身的需要，而且通过各自劳动成果的交换，满足了彼此的需要。因此，职业及职业活动对于个人和社会都有非常重要的意义。

对个人而言，职业生活是人生的重要组成部分，职业问题解决的好坏，对个人一生能否顺利发展具有重要的意义。

三、职业的特点

（一）职业与社会分工的关系极为密切

职业随着社会分工的产生而出现，随着社会分工的发展而变迁。

（二）职业具有明显的经济性和一定的连续性

所谓职业的经济性，是指人们从事职业活动会获得经济收入即报酬。所谓职业活动的连续性，是指一个人在较长时间内进行某种活动，并通过这项活动较稳定地获得一定的经济收入或报酬。

（三）职业具有知识性和技术性

在社会生活中不难发现，要从事某些职业，必须经过较长时间专门的知识学习或技术培训。从事这些职业活动的职业者，需要具备特殊的知识和技术。某些职业活动所需要的知识和技术比较容易掌握，而有一些职业活动的知识和技术不易掌握。有的职业活动的知识和技术必须在特定的学校、培训机构里获得，有的却可以在家庭、在就业实践中获得等。

（四）职业具有规范性

职业活动必须遵从一定的规范，即职业规范，它是社会规范的重要组成部分。社会规范是一个社会或社会群体的成员们所共有的行为规则和标准，其包括法律条文、组织规章、道德规范、社会风俗、习惯及各种禁忌等。职业规范主要包括人们在就业活动中应遵守的各种操作规则及办事章程，职业道德规范和职业活动中养成的种种习惯。这些职业规范或以法律、法规，或以组织章程和有关条约、守则的方式体现出来，或只是一些约定俗成非正式的规范。无论职业规范是以什么方式体现，也不管就业者主要遵从哪一类职业规范，任何职业活动都不是无行为准则可寻的，职业活动总要受一定职业规范的约束。

（五）职业具有差异性

职业的领域非常宽广，种类繁多。中国古代就有"三百六十行"之说，现代职业更是成千上万，并且不断分化出新的职业，每一种职业都需要特定的知识和技能，只有符合了这些特定的要求，才能胜任所从事的职业。即使同一种职业，也有层次之分。例如，高校老师有助教、讲师、副教授、教授之分。

（六）职业具有历史性

每一种职业的含义不是一成不变的。随着社会生产力和劳动分工不断发展，在特定的社会历史发展阶段，职业的性质和内容是有一定差别的。不同时期会出现不同的职业，相同名称的职业在不同的时期会有不同的内容，某些职业甚至发生了根本性的变化。例如，以前在法院做记录的叫书记员，使用的工具是纸和笔；现在在法院做记录的叫速录员，使用的工具是速录机。

四、职业的作用

（一）职业是人们谋生的需要

职业生活是构成人生的重要组成部分，人们的职业生活首先表现在必须通过参加社会劳动来获取生存必需的生活资料，人类社会的生存与发展都是基于劳动创造实现的，没有社会每个人的劳动创造，也就没有人类社会今日的进步与发展。在现实社会中，劳动的目的是为了取得一定的报酬来作为生活资料的来源，人们通过参加一定职业岗位的劳动，来换取劳动报酬，满足谋生的需要，并积累个人的财富。在中国社会主义制度下，实行"按劳分配"原则，每个劳动者参加职业劳动的数量与质量，将决定其财富的多少。

（二）职业促进人的个性发展

职业活动对人的个性发展起着十分重要的影响作用。职业活动是按照一定的社会要求和内在规律运行的，每种职业都有其独特的活动方式，对从业者在生理和心理等方面都有特定的要求。人们通过参加职业活动逐步形成并不断发展与完善自我的个性，随着从业时间的增加，个人的智力、体力、知识与技能水平都有充分的发展与提高，从中满足自我实现的需要。

（三）职业是劳动者为社会做贡献的途径

职业的本质是劳动力与生产资料的结合，它体现着人与人之间的社会关系。人们的职业劳动在为个人获得生活资料的同时,也为社会创造了财富。现代社会的劳动者有着十分明显的分工,一个人只能从事某种具体的劳动,不可能同时从事直接生产其所需的全部生活资料的各种劳动,只有通过各自劳动成果的交换,才能满足彼此的需要。在这种平等的相互交换劳动成果的过程中,既体现出为他人服务的程度,又衡量出对社会和国家所做贡献的大小。

第二节 大学生职业生涯规划

一、职业生涯及其规划设计

一个人的一生,就是一个完整的生涯,这其中包括了若干个小阶段,如求学生涯、职业生涯、退休生涯等。职业生涯即事业生涯,是指一个人一生连续从事和担负的职业、职务、职位的过程。一个人的事业究竟应向哪个方向发展,其一生稳定从事哪种职业类型,扮演何种职业角色,都可以在此之前做出设想和规划,这就是职业生涯设计。

大学生的职业生涯设计是指在大学期间通过转变观念、学习知识、提高技能等手段,来改善当前自身的状况,发展与今后职业生涯目标相适应的潜在职业能力的过程。这个过程是以大学生自身为开发对象,工作的重点是为获得和改进可能与工作有关的知识与技能,以利于提高自己以后的职业绩效,最终实现职业生涯目标。其设计目的是确定自己今后的职业目标,设计出合理且可行的职业生涯发展方向和途径。

二、职业生涯的分期

1. 职业准备期(15~28岁)

职业准备期是一个人就业前从事专业、职业技能学习的时期。这是职业生涯的起点,也是职业素质初步形成的重要时期。但是,对于这个起点,许多人是盲目的,甚至是由别人代替(主要是父母)而走过的。

2. 职业选择期(18~30岁)

在这一时期,人们要根据社会需要和自己的愿望及综合素质,做出职业选择,走上工作岗位。这是职业生涯的关键一步,也是个人的职业素质与社会"见面"、碰撞和获得承认的时期。如果这时的选择行为失误,会带来职业生涯的不顺,导致多次选择,还可能因此丢掉好机会而后悔莫及。

3. 工作初期（就业后 1~2 年内）

这个时期又叫职业适应期，是大学生走上职业岗位开始接受职业对个人综合素质实际检验的过程。在这一时期，基本具备工作岗位要求的人，能够顺利适应某一职业；素质较差或者素质特点与职业要求相异的人，可能需要通过职业教育培训来适应职业；自身的职业能力、人格特点等素质与工作岗位的要求差距较大者，难以适应职业，需要重新进行职业选择；而个人素质超过岗位要求者，个人兴趣与职业类别不相符合者等，也可能需要重新选择职业。

4. 工作中期（25~50 岁）

该期又称职业稳定期，是人的职业生涯的主体，从时间上看也占据职业生涯的绝大部分，一般是在人的成年、壮年时期。这一时期不仅是人们劳动效果最好的时期，也是人们生儿育女、担负繁重家庭责任的时期。因此，成年人往往倾向于稳定在某种职业，甚至某一特定岗位上。在职业稳定时期，如果从业者的素质能够得到发挥和提高，潜力得以体现，稳扎稳打，就可能抓住机会，逐步取得成果，实现自己的职业生涯目标。有的人经过长期的职业活动，自身素质状况大幅度提高，成为某一领域的行家里手、权威专家，也可能到达"一览众山小"的巅峰境界。

5. 工作后期（55~60 岁）

该期又称职业素质衰退期，是人开始步入老年的时期。由于生理条件的变化，能力缓慢地减退，心理逐步求稳，其职业生涯则是维持现状。但是，由于市场竞争激烈，许多用人单位裁员，一般来说年龄较大的就业者被辞退的可能性比年轻人大。也有一些老年人，其智力并没有减退，而知识、经验还有着越来越多的积累（有的学者称之为"晶态智力"）。这种晶态智力的发挥，能够使他们的素质进一步提高，出现第二次创造高峰，再一次获得成功，达到巅峰。

6. 职业结束期（60 岁左右）

这一时期是人们由于年老或其他原因结束职业生涯历程的短暂过渡期。

三、职业生涯设计

（一）职业生涯设计步骤

1. 认识自我与职业分析

职业生涯设计就是要通过科学认知的方法和手段，对自己的职业兴趣、气质、性格、能力等方面进行全面认识，清楚自己的优势与特长、劣势与不足。只有这样，才能避免设计中的盲目性。

在进行自我分析的同时还要进行职业分析。现代职业具有区域性、行业性、岗位性等特性。在进行职业生涯设计时要考虑到职业区域的具体特点，如该地区的特殊政策、环境特征；职业角色的发展与职业所在行业的发展有着密切的关系。在进行职业生涯设计时，不能仅看重单位的大小、名气，而要对该职业所在的行业现状和发展前景进行比较深入的了解，如人才供给情况、平均工资状况、行业的非正式团体规范等。总之，一个人只有在充分而且明确认识到自己本身的条件及相关的环境情况时，才有可能做出正确的决定。

2. 确定职业生涯目标

职业目标的设定是在自我觉醒的基础上对自己未来职业生涯的一个初步的设想。如果我们看不到未来，就把握不了现在；如果我们没有目标，就永远实现不了自己的愿望。目标设定对于未来至关重要。它是一个人行动的指南，前进的保障。

3. 制定职业生涯策略

职业生涯策略是指为实现职业生涯目标而展开行动的计划，如搜寻相关专业、职业、企业的资料，应聘参加组织培训和发展计划，构建人际关系网、谋求晋升等。职业生涯策略是为实现自己最终的职业目标而进行的准备，甚至包括与现在所从事工作毫不相关的一些事情，比如参加业余的进修班学习，掌握一些额外的技能或专业知识（如考 BEC，拿 MBA 学位等）。此外，职业生涯策略还包括为平衡职业目标和其他目标（如生活目标、家庭目标）而做出的种种努力。如果忽视了后两者的努力，想要长久保持工作中出色的表现是不可能的。总之，职业生涯策略是将职业目标具体化后所采取的行动。

4. 评估与反馈

俗话说："计划赶不上变化。"尤其在现代职业领域，变化是永恒的主题。影响职业生涯设计的因素有很多。有的变化因素是可以预测的，而有些则难以预料。人是善变的，环境也是多变的。成功的职业生涯设计需要时时审视内外环境的变化，不断对自己的设计进行评估和修订，及时调整自己前进的步伐。

（二）职业生涯规划设计原则

1. 根据社会需求设计职业生涯

大学生在进行职业生涯规划时应做到择世所需。社会需求不断变化，积极把握社会对人才需求的动向，把社会需要与个人愿望结合起来，既要看到眼前的利益，又要考虑长远的发展；既要考虑个人因素，又要自觉服从社会的需要。如果职业目标脱离了社会需要，将很难被社会接纳。

2. 根据所学专业设计职业生涯

大学生都有自己的专业，每个专业都有一定的培养目标和就业方向，这就是大学生职业生涯设计的基本依据。用人单位对毕业生的需求，一般首先选择的是其专业方面的特长，大学生迈入社会后的贡献主要靠运用所学的专业知识来实现。因此，大学生要根据所学专业设计职业生涯。需要强调的是，为了适应社会的要求，大学生对所学的专业知识要精深、广博，除了要掌握务实的基础知识和精深的专业知识外，还要拓宽专业知识面。

3. 根据能力特长设计职业生涯

常言道："骏马能历险，犁田不如牛；坚车能载重，渡河不如舟。"任何职业都要求从业者掌握一定的知识和技能，具备相应的专业能力，不同职业有不同的能力要求。能力特长对职业的选择起着筛选作用，也是大学生求职择业以及事业成功的重要保证。需要提醒的是，知识多、学历高不一定能力就强，单纯以学习成绩作为评价能力高低的唯一尺度是不对的。大学生应在对自己的能力特长有一个正确的自我认识和评价的基础上，根据自己的真才实学和能力特长进行职业生涯设计。

4. 根据兴趣、爱好设计职业生涯

一个人对某项工作感兴趣时，即便工作本身可能是枯燥无味的，他也会兴趣盎然。一些专家通过调查研究发现，如果一个人对自己的职业感兴趣，则能发挥他的全部才能的80%～90%，并且长时间保持高效率而不感到疲劳。如果一个人对所从事的工作没有兴趣，那么只能发挥其全部才能的20%～30%，且容易疲倦。众多的调查研究结果一再表明，兴趣与成功率有着明显的正相关性，大学生职业生涯设计应适当考虑自己的兴趣与爱好，选择自己喜欢的职业。有的大学生兴趣与所学的专业不一致，会给职业生涯设计带来困惑。这就要求大学生在职业生涯设计时，对自己的兴趣和爱好要有一个客观的分析，对自己的兴趣爱好进行重新培养和调整。

第三节 大学生就业准备

一、就业信息的收集与应用

(一) 就业信息的概念、特点和作用

1. 就业信息的概念

就业信息是指通过各种媒介传递的有关就业方面的消息和情况。如就业政策与形势、就业机构、供需情况、招聘活动及用人信息等。在现代社会中，就业不仅取决于大学毕业生的知识、能力、综合素质、社会经济、社会需求等因素，而且也取决于个体所获取就业信息的量与质以及个体收集、处理、使用就业信息的能力。毕业生应及时、全面地掌握有关就业方面的各种信息，并认真地对这些信息进行分析、筛选、整理，最终做出正确判断，为求职成功奠定基础。

2. 就业信息的特点

就业信息的特点概括起来包括以下几个方面。

(1) 时效性

就业信息有极强的时效性，即每一条信息都有时间要求，在规定时期内是有效的，过了一定时期就失去了它的意义和作用。因此，大学毕业生在收集、整理、处理求职信息时，一定要注意信息的有效时间，争取及早对信息做出应有的反应，"机不可失，失不再来"这句话用在大学毕业生求职择业上也是具有现实意义的。对应聘者来说，过时或失效的信息，不仅没有使用价值，而且还是有害的。它会使应聘者徒劳往返，浪费时间、精力和钱财。

(2) 相对性

随着社会分工的进一步细化，用人单位要求人才的层次、专业、性别、能力等方面的针对性提高。就业信息本身必须能够说明它所适用的对象，以及该对象所应具备的具体条件。因此，就业信息的价值是相对的，一则招聘信息，对一部分人是非常有价值的，而对另一部分人则不见得有多大价值。就业信息的这一特点要求求职的大学毕业生在得到就业信息时，要进行认真分析和研究，要与自身的条件进行客观比较，看看自己的知识、水平、业务能力、综合素质等是否符合用人单位的要求。这样做可以减少求职的失败次数，避免求职自信心受挫，提高求职的成功率。因此，大学毕业生要注意求职信息的相对性，

不能盲目追求当今都看好的职业，适合自己的信息一定要予以重视，不适合自己的求职信息一定要果断地放弃。

（3）共享性

就业信息的共享性特点是指就业信息可以通过不同的载体进行传播，为社会各方所共享。就业信息的共享性还意味着就业的竞争，并不仅限于本班同学、本校同学、本地高校，还有其他外省、市高校毕业生。所以在就业竞争中要争取早一点获得就业信息，早一点做好准备，力争"捷足者先登"。

3. 就业信息的作用

就业信息是一个人成功择业的重要因素。对求职者来说，就业信息的作用主要体现在以下几个方面。

（1）就业信息是职业选择的基本前提

目前，中国大学毕业生就业是在国家宏观政策的指导下，实行市场导向、政府调控、学校推荐、自主择业的就业体制。对大学毕业生而言，如果不获得准确可靠的需求信息，就无法掌握自主择业的主动权，实现职业理想就会变成一句空话。如果一位求职者掌握了大量就业信息，那么他的视野就比较宽阔，也就能够得到不失时机地选择适合自己职位的主动权，从而比较稳妥地掌握自己的命运。如果求职者耳目闭塞、信息不灵，择业就如同盲人骑瞎马，其结果不是发出"就业何其难"的感叹，就是让合适的职位从自己身边溜走。可以说，求职竞争在一定意义上就是获取就业信息的竞争。谁获得的信息数量多，求职的选择面就宽；谁获得的信息质量高，求职的把握性就大；谁获得的信息及时，求职的主动权就强。

（2）就业信息是择业决策的重要依据

要做好自己的择业决策，就必须有就业信息质量的保证。例如，国家的就业方针，各地区及主要行业的就业政策，自己所属院校的就业细则，有关的就业机构、具体职责、校园招聘活动的安排等，当然，更为主要的是用人单位的需求信息。依据所掌握的就业信息经过筛选比较，使自己最后瞄准一个或几个相对确定的目标，那么，所要面临的就是求职面试了。对大学毕业生而言，要想顺利通过面试，就必须对用人单位的文化价值、管理理念、经营方式、产品结构、市场行情、用人制度及其以往的历史和今后发展情况进行一定的了解，这就是成功就业对就业信息深度和广度的要求。虽然把握了就业信息的深度，并不能直接被录取，但毕竟可能性加大了。

（3）就业信息是调节职业规划目标的参考

大学生在校期间，通过对就业信息的了解，对当前国家的政治经济状况、就业形势、就业政策、就业机构、人才供求情况以及用人单位对人才素质的要求等信息的了解、掌握、分析和研究，就能明了未来能从事的某些具体职业的类型和特点、岗位的能力标准和要求，客观上就促使学生更好地认识到学习对社会和个人的意义，使学生明确学习目的，增强学习的积极性和主动性。因此，就业信息对于在校学生确定职业生涯目标、求职者确定选择目标、已经就业者重新认识职业世界与认定或者调整职业目标，均有重要作用。

(二) 就业信息的收集

1. 收集就业信息的基本要求

收集就业信息应力求做到"早""广""实""准"。

(1) 早

所谓"早"，就是收集信息要早准备、早动手，收集到信息要及时进行处理，从而赢得就业的主动。

(2) 广

所谓"广"，一是信息收集渠道要广，要广泛收集各个方面、不同层次的就业信息；二是收集信息的视野要广。有的同学只注意搜集与自己预先设定的求职目标相关的就业信息，放弃或忽视了其他与求职目标相关的就业信息。一旦与求职目标相关的就业信息收集遭遇挫折，又无后备的就业信息，就会造成求职的被动。要知道就业信息的获得有时是"有心栽花花不开，无心插柳柳成荫"而收集的。

(3) 实

所谓"实"，一是收集的信息要具体；二是收集的信息要真实。对于用人单位的名称、性质、地点、环境、企业文化、发展前景、用人制度、招聘岗位的基本要求、联系方式、招聘方式等各方面信息掌握得越具体越好。而对于所收集到的信息是否真实，可以通过上网等形式来考查。

(4) 准

所谓"准"，就是要做到准确无误。为了保证这一点，必须从两个方面入手：一方面要掌握用人单位需要什么层次、什么专业的人才，在生源属地、性别、相貌、专业、学历、外语水平、计算机能力、专业知识、技能等方方面面有什么具体要求都要搞准；另一方面，用人信息具有极强的时效性，要注意你所了解的就业信息是否在有效期内，是不是过期的信息，是否用人单位已物色到较为理想的人选，这些情况都要搞清楚，决不能似是而非，否则会浪费你很多的时间、精力和财力，造成不必要的损失。

2. 收集途径

大学毕业生获取求职信息的渠道多种多样。由于个人的关注程度、社会背景、经济状况、思想观念等的不同，获取求职信息的渠道也存在一定的差异。收集就业信息的渠道主要有以下几种。

（1）校内主管部门

学校的毕业生就业主管部门（就业指导中心或就业办公室）是毕业生获取就业信息的主渠道。随着高校毕业生就业制度改革的深化，学校的毕业生就业主管部门越来越成为连接用人单位和毕业生的重要桥梁和纽带。一般情况下，用人单位到学校招聘人才，都是到毕业生就业主管部门办理，这是用人单位所依赖的就业信息联系部门。在每年毕业生就业阶段，学校毕业生就业指导机构会有针对性地向各个用人单位发布应届毕业生资源信息，并以电话、网络等各种信息交流活动方式征集大量的需求信息。学校就业机构一般在每年的10月至次年的5月间专门组织各种形式的毕业生就业招聘会等活动，同时学校还会将收集到的需求信息加以整理，及时向毕业生发布。在毕业生和用人单位之间架起一座信息桥梁，从而使毕业生获得许多需求信息。学校就业指导机构收集的就业信息数量大，针对性、准确性、可靠性都较强；学校应是收集就业信息的主渠道，其所掌握的信息的权威性也没有任何一个部门可以与之相提并论。这是毕业生求职择业最主要的信息来源。另外，学校的毕业生就业主管部门与省市等上级毕业生就业主管部门之间保持着密切联系。国家的高校毕业生就业政策、就业方案、就业信息等都是通过学校毕业生就业主管部门传达给广大毕业生的，所以它的作用是双重的。

（2）各种类型的高校毕业生就业招聘会

为做好每年的毕业生就业工作，各省、市，各行业及各高校都会举办规模大小不等的"人才招聘会""毕业生就业双选会""人才市场"等，在这些就业市场上，一是信息量大，二是可以使毕业生和用人单位的招聘人员见面洽谈。这也是高校毕业生求职的一条重要途径。值得注意的是，社会上的"人才市场"，有些是针对有一定社会经验的人才，有些是以招聘应届毕业生为主的。毕业生赶赴人才市场前事先要做一些了解，不可盲目赶场。由各省、市毕业生就业主管部门举办的毕业生"双选会"呈现出按行业类型划分专场举办的趋势，专门面向某一类求职者，或邀请某一行业的招聘单位参加，针对性较强。随着高校作为大学毕业生就业市场主渠道的作用增强，由高校举办的校园"双选会"越来越成为毕业生获取就业信息、与用人单位接洽的重要渠道。在学校举办的招聘会上，用人单位针对本校毕业生选聘人才，就业信息针对性强，毕业生个人的经济投入不大，用人单位经过学校筛选，就业信息安全性高。因此，学校举办的招聘会越来越受到毕业生的重视。

（3）传播媒介

传播媒介不仅传播速度快，而且涉及面广，信息传播也很及时。许多用人单位通过新闻媒体，如广播、电视、网络、报纸、杂志、电话等，介绍企业现状、发展前景及人才需求,从而成为一个巨大的、多方位的信息源。目前,中国有很多种关于高校毕业生就业指导的报纸、期刊、杂志,还有许多公开发行的出版物等传播媒介,登载有关就业的信息和招聘信息。

通过就业指导的报纸、期刊、杂志以及社会发行的出版物搜集就业信息,要注意以下三点:一是要舍得花时间大量去搜集;二是要选择最佳目标,要根据就业信息的刊发时间、招聘条件进行详细分析,去粗取精,去伪存真,选定中意的用人单位;三是要注重时效,得到就业信息后不能等,要立即前去应聘。

随着计算机应用技术的普及和互联网的发展,网络求职以现代科技手段为依托,是一种非常方便的信息渠道。目前大学毕业生上网的方式有两种:一种是到各省、市大学毕业生就业主管部门和高校创建的就业信息网站发布个人简历、查询就业信息;另一种则是Internet网络,上面建有许多职业网站,为求职者提供了一种效率高、成本低、内容多、时间短的现代信息收集渠道。上网查找求职信息已成为时尚,网上招聘、应聘方便快捷,信息反馈十分迅速。因此用人单位的招聘信息都习惯在互联网上发布,互联网已成为高校毕业生搜集就业信息的一条很重要的渠道。任何人在任何地方,只要能上网,就可以查阅各类用人单位随时发布的招聘信息,在网上与用人单位建立联系,并能将自己的应聘求职信息发布网上,使用人单位在网上查阅后与求职者建立联系。网上求职成功的诀窍之一是将搜索范围控制在几个网址上。

(4) 实习实训单位

现在的用人单位往往重视毕业生的实际能力和实践经验,大多数用人单位在正式聘用毕业生之前也要求毕业生有一定的实习实训期。毕业生的实习实训,实际上是参加工作的预演,是一次非常宝贵的经历。通过实习实训,一方面使用人单位对学生有所认识和了解;另一方面也使学生通过实习实训,对用人单位有了较为深入的了解。如果有意进入实习单位,你在该单位的出色表现很有可能使你成为用人单位首先考虑的对象。

(5) 亲戚朋友、校友等社会关系

在高校毕业生就业过程中,毕业生的各种门路和社会关系不能简单地归结为"走后门"而被加以排除。在社会主义市场经济条件下,毕业生应积极拓展一切有可能的信息渠道来收集就业信息,如亲戚朋友、校友、邻居、熟人等。此外,学校老师利用自己的老同学、学生、科研伙伴、协作单位等关系,往往能够获得针对性强的信息,这些信息经过老师筛选可靠性较强,而且与毕业生的就业意向和所学专业较为吻合,对毕业生的求职择业是十分有利的。如果说市场竞争机制和企业人事管理机制能够使任人唯贤成为共识,那么门路和社会关系就应是高校毕业生求职择业提倡的有效途径之一。常言说,多一个朋友多一条路,多一个亲戚多一个帮手。在就业过程中,可以多请教这些社会关系,了解哪里有空缺，扩大找工作的范围，他们提供的信息往往比较具体、准确，成功率也比较高。事实上每年都有一部分毕业生是通过社会关系就业的。这种方式得到的信息，既准确迅速，又真实可靠，可以作为上述途径的补充。但也不排除提供者个人眼界的局限性和信息误差。利用社会关系获取求职信息的方法常包括以下几种：①对你的求职方向及考虑选择的用人单位，可以征求对方意见，询问对方能否看看你的个人简历是否写得合适。可以把自己求职意向等情况告诉对方，他们一般很愿意帮忙，但你总得给出个基本框架，使他们有努力的方向。②要重视对方给你提供的信息。如果对方带着信息找你，你应该这样说"啊，真是太好了，真是难得的机会"，即使你已知道这个信息，甚至刚同那个单位谈过话，也要这么说，因为他们带来的信息必有某些新鲜内容。人们看到自己的意见受到重视和赞赏，就会带来更多的信息。③每当你得到对方推荐，一定要问清楚你去该单位联系时是否可以提到推荐人的名字作为引荐。④如果你确实得到帮助，就应该道谢。不管你联系的人是否帮助过你，你得到工作以后一定要让他们知道。⑤校友提供的信息最大特点是比较接近本校、本专业实际。最近几年毕业的校友的求职择业、就业之初的实践和体会，对应届毕业生来说都是宝贵的经验，可以给正在求职的应届毕业生带来很多启发。因此，毕业生可充分利用实习、社会实践、校友回校等机会与校友多接触，用巧妙的方法适时介绍自己，以求得到其帮助和指导。

(6) 个人搜集

个人搜集是指求职者广泛搜集自己专业和求职范围内用人单位的信息资料并加以研究利用。个人搜集是一种不通过任何中介的直接求职方法。通过打电话、写求职信或登门拜访等形式直接联系用人单位。这要求毕业生应有一种"毛遂自荐"的意识，并且对自己单方面拟定的意向单位要有大概的了解和预测。这种方法的优点是主动性强，节约时间，费用低廉，缺点是盲目性大。但在缺乏就业信息的情况下，这也不失为一种获取就业信息的方法。常用的个人搜集就业信息方法有两种。

①打电话

通过打电话的方式，询问用人单位是否招聘某专业或相关专业的高校毕业生，是一种较好的方法。由于是求职者冒昧地直接联系，所以采取这种方式要注意准备充分，把所要咨询的内容以及所要讲的话，列成条目，熟记于心。打电话时要注意选在较为清静的场所，力求接听清楚。要注意选择通话的时间，在刚上班的时间、吃饭或午休的时间、临下班前半小时的时间，打电话的效果一般都不太好。打求职电话要礼貌、客气，要显示出诚意。通话内容要简明扼要、条理清楚，不要黏黏糊糊、拖泥带水，要争取见面机会。要尽量用普通话，保持中速，不急不缓，使人听得清、记得准。要讲究语气语调，使之温和而有自信，自然而有亲切感。这样就可以给用人单位的领导留下良好的第一印象。

②登门拜访

如果你对某单位感兴趣，就去找在这个单位工作或供职的亲友，向他们直接了解该企业的详细情况；如果没有这样的亲友，可以查询电话号码簿的页码，找出令你感兴趣的工作领域条目，然后抄录企业全称、地址、邮编、电话、负责人姓名等。最好亲自走访一下（当然对那些明确表示谢绝来电、来访的单位，就不必选用这种方法），这样既可节省时间，又能尽快得到确切的信息，还能通过实地考察，对用人单位的地理环境等外部条件有清晰的认识，供决策时参考。

（三）就业信息的科学利用

毕业生通过各种途径收集到的需求信息，应结合自己的实际情况，有目的、有针对性地进行排列、整理和分析，只有这样才能使需求信息具有准确性、科学性和有效性，使之更好地为自己的求职服务。

1. 就业信息的可靠性分析

就业信息的可靠性分析，一般采用以下三种方法。

（1）根据就业信息资料的内在逻辑来验证其可靠性

如果发现资料内容的表述前后矛盾，或违背事物发展的逻辑，或有违反实际情况的内容，此类就业信息的可靠性就值得怀疑。例如，招聘职位是文秘等普通职员，用人待遇却给出高薪等优厚条件，这样的招聘信息不能轻信。对此要进行认真调查核实，以防上当受骗。

（2）根据就业信息的来源渠道进行分析判断

一般来说，凡是从正规渠道获得的就业信息，可靠性就大。凡是从非正规渠道获取的就业信息，可靠性就差一些。政府主管部门主办的杂志、报纸发布的就业信息是最可靠的，到处张贴或散发的一些招聘小广告最不可靠。

（3）通过上网或114查号台核查

查出招聘信息中用人单位人力资源部的电话号码，通过电话核实该单位是否招聘某专业的人才，这是最直接、最可靠的核实方法。

2. 就业信息的筛选

适合自己应是筛选信息的核心所在。信息对自己是否重要，其依据就是是否适合自己。

大学毕业生从就业信息中筛选出自己较为中意的用人单位，根据用人单位列出的招聘条件、岗位要求等，与自身条件进行对比分析，不断调整和优化自己的求职目标定位。在求职的专业领域或岗位、薪酬工作环境、个人发展的可能性等方面，使自己的求职目标更贴近实际。

通过对自身条件与用人单位需求的合适性分析，当自己的某些专长和条件正是用人单位所急需的时，此时离就业成功就很近了。

3. 就业信息的深度研究

就业信息的深度研究是指对感兴趣的用人单位，根据自己的应聘需要，对用人单位的重要信息，进行较深层次的分析研究，为应聘做好充分准备。具体应从以下几个方面入手：(1) 通过查阅号码簿黄页，抄录企业的全称、地址、邮编、电话号码、负责人姓名等备用。(2) 通过计算机上网或公共图书馆查找企业的资料，尽量详细地了解公司的经营范围、产品构成、生产规模、分支机构的设置及业务范围、企业文化、公司的发展前途等基本情况。对应聘专业技术岗位和管理岗位的应聘者来说，要研究用人单位从原材料到产品工艺流程和工艺设备的有关情况的信息，要了解经营、销售、产值等方面的情况，力求从深层次掌握用人单位实质性的东西。(3) 可以找已经在用人单位工作的亲友、同学或其他关系，向他们直接了解该单位的详细情况，采取这种方式所获得的用人单位的信息是最直接、最可靠的。

4. 就业信息的及时运用

(1) 就业信息的时效性强，就业信息一旦选定，就要不失时机地主动与用人单位主管人员联系，询问应聘的方式、时间、地点和要求，并准备好一套完整的求职材料，使需求信息尽早变成供需双方深度沟通的桥梁。(2) 根据筛选出来的就业信息的招聘条件和岗位要求来对照检查自己的不足，想办法及时弥补。这一做法尽管在毕业前的有限时间内较为仓促，但却是有效的。(3) 及时输出对他人有用的信息。有些信息对自己不一定有用，可是对他人十分有用，遇到这种情况，千万不要抓住这些信息不放。你能主动输出对他人有用的信息，不仅对他人是个帮助，同时也增加了与他人交流信息的机会，说不定也会从别人手中获得对自己十分有益的信息。

二、求职自荐材料的准备

(一) 求职自荐材料的组成及基本要求

一份完整的求职自荐材料包括毕业生就业推荐表、求职信、个人简历、成绩单以及各种证书等。求职自荐材料的基本要求是目标明确、针对性强、真实可靠、简洁美观。

(二) 毕业生就业推荐表

毕业生就业推荐表是毕业生直接与用人单位面谈的重要媒介之一，它可以证明持表人的应届毕业生身份。它是由毕业生填写，学校审核并签章的权威性书面材料，每名毕业生只有一份。推荐表分为上下两部分，上半部分内容是毕业生的个人信息，包括毕业生个人的基本情况、学习成绩、获奖情况、计算机水平、外语等级、能力特长、就业范围等综合信息；下半部分是用人单位同意拟接收毕业生的意向回执，毕业生凭此回执到学校领取三方协议书。

1. 推荐表的填写

首先，应注意字迹清晰，文句通顺，切忌涂抹，实事求是；其次，详细准确地写清推荐表中所列各项内容，如毕业专业、培养方式和就业范围，并恰如其分地介绍自己在校表现和能力水平，既不夸张也不谦卑；再次，在填写奖惩情况一项时要实事求是，如受过处分应主动说明原因，着重讲认识态度和改正决心，切不可隐瞒，否则用人单位通过档案了解到，会认为你不诚实；最后，在向用人单位递交推荐表时，最好能附上历年的学习成绩及组织评语。

2. 推荐表的使用

推荐表是毕业生和用人单位双方达成意向后，毕业生递交给用人单位的一份正式书面材料，用人单位在回执上要写清单位的基本信息，以便学校与用人单位进行联系，学校凭此回执为毕业生发放三方协议书。有一点需要提示，用人单位的招聘工作是有期限的，聘用人员确定后即办理各种录用手续，所以在用人单位回执上会限定签约时间，毕业生应按要求准时签订协议书，否则视为放弃。

（三）求职申请表

除了个人简历和毕业生就业推荐表之外，求职申请表是用人单位获取求职者基本资料的另一种方式。许多大公司和政府部门以及公共机构都会根据本单位需要了解毕业生的情况，设计一份申请表格要求毕业生填写，通过所填写的内容来获得求职者的信息。填写申请表有两种途径，一种是用人单位在招聘前发给毕业生，另一种是毕业生在用人单位的招聘网上填写。

填写求职申请表的方法有如下几点。

1. 仔细阅读

在动笔前先认真阅读申请表格内容，弄清含义，注意里面所有的说明。填写前先复印一份，若在网上填写，应先记录下表中的内容，把你的答案先写在便条纸上，经过核对无误后，再填在正式表中。

2. 深思熟虑

有些申请表中的内容除个人基本信息外，通常会有一些试题，比如，"你最崇拜的人是谁，为什么？"遇到这样的问题，很多毕业生不知如何下笔。对此类问题一定要仔细思考，认真填写。比如，上面提到"你最崇拜的人是谁"这个问题，应将所崇拜的人与自己所应聘的工作"搭"上关系，最好说出自己所崇拜的人的品质，哪些思想感染、鼓舞着自己。

3. 字迹工整

填写时要逐项填写，字迹要工整，表格要整洁。申请表有时是用人单位考查求职者的一种途径，字迹清晰有助于表现自己对工作认真的态度。

（四）求职信

求职信是毕业生针对招聘岗位向用人单位进行自我推荐的书面材料，它是用人单位翻阅毕业生的推荐材料之前首先要看的内容。这份材料是所有求职材料中的支柱性文件，决定能否引起用人单位的重视，至关重要。

1. 求职信的书写格式

求职信的重点在于"荐"，在构思上一定要围绕"为何荐""凭何荐""怎样荐"的思路安排，求职信的书写格式与一般书信大致相同，即标题、称呼、正文、结尾、落款。

（1）标题

标题是求职信的标志和称谓，要求醒目、简洁、庄重。要用较大字体在用纸上标注"求职信"三个字，显得大方、美观。

（2）称呼

这里是指对主送单位或收信人的称呼，若写给国家机关或事业单位的人事部门负责人，可用"尊敬的××处长"称呼；若是企业人力资源部，则用"尊敬的××经理"；如果是写给科研院所或高校人事部门，可称"尊敬的××教授（处长、老师）"。称呼要正规、准确，忌用"老板、前辈、师兄、叔叔"等不正规的称呼。由于求职信往往是和用人单位之间的首次交往，毕业生未必对用人单位的招聘人员了解、熟悉，因此，在求职信中称呼"××领导"是可以的。

（3）正文

这是求职信的核心部分，其形式多样，风格各异。要打动用人单位，正文部分的措辞和行文风格要反复揣度和修改。正文部分应当包括以下内容。

①简单自我介绍

即简要说明自己的身份。对于应届毕业生来说，在信件的开头用一两句话说明自己的学校、学历、专业等基本信息就足够了。

②说明求职信息来源

为了事出有因,最好在求职信的开头说明求职信息的来源。既在行文上比较流畅,同时也暗示用人单位的招聘广告是有反馈的。

③说明应聘职位

在求职信的开头,应该说明所要应聘的职位,如"本人欲应聘报社记者一职"或"相信本人能胜任网络维护一职,故前来应聘"等,如果职位有编号,应当写上编号,以表示一丝不苟的态度和应聘的诚意。

④说明能胜任该职位的理由

这是求职信的关键部分,这部分主要是向对方表明你的专业知识和工作经验,所取得的与该职位有关的一些成绩和自己所掌握的相关技能,以及与该职位相符的性格、特长、兴趣爱好和其他情况。文字所要表达的中心意思就是——你是最适合该职位的人,要注意发掘自己满足未来工作要求的条件。需要注意的是,说明能胜任该项工作的理由,并不是经验和成绩的简单堆砌,一定要突出适合这项工作的特长和个性,不落俗套,"不走寻常路"。尽量避免写那些"风马牛不相及"的东西,更不能写那些与招聘条件"反其道而行之"的内容,如用人单位招聘的是"营销",求职者却对自己"文静、内向"大书特书,这样应聘自然会失败。

⑤暗示发展前途及潜力

在求职信里,不仅要向招聘者说明你的现在,也要表述你的未来,说明你是有培养价值且发展潜力的。例如,你若当过干部,可以向对方介绍在担任学生干部的时候取得了何等成绩,这就说明了你有管理和组织方面的才能。

(4) 结尾

一般的结尾无非是两个内容:一是盼回复;二是祝词。在一般的求职信中,表达希望对方答复或获得面试机会所用的措辞几乎已成定式。在求职信的末尾,加上一句"我热切盼望着您的答复"或者"我希望能获得与您面谈的机会";也可自己变为主动,例如,"如果您方便,我将会在×月×日(星期×)上午给您打电话"。另外,正文后的问候祝颂虽然只有几个字,但也有着不可忽视的作用。

(5) 落款

落款应署名并注明日期。署名应与信首的"称呼"相呼应。如果在信首称对方为"×××老师",那么署名应为"学生××"。当然也可以直接签上自己的名字,但需要注意的是,不管求职信是打印的还是手写的,署名一定要手写。署名下方要完整地写上年、月、日,还应注明联系方式。

2. 求职信的禁忌

一般来说，求职信有六大禁忌，大学毕业生书写时一定要注意避免。

（1）忌长篇大论

内容以简洁为原则，尽量在一页纸内完成。用人单位不会花很长的时间来阅读求职信，篇幅太长会使招聘单位产生厌烦心理，甚至认为你的概括能力不强，适得其反。

（2）忌堆砌辞藻

即使你满腹经纶，也不要幻想用华丽的辞藻就能打动招聘者。华而不实的语言属于大话、空话、套话，并没实际的作用。那种虽无豪言壮语，读来亲切、自然、实实在在的求职信却能给用人单位留下深刻印象。

（3）忌夸大其词

在措辞方面要留有余地，不要说得过于饱和，如"我能适应各种工作""我将会给贵单位带来新的生机"，这样表述，只能给用人单位留下你刚出校门，还很幼稚的印象。

（4）忌缺乏自信

适度的谦虚是一种美德，也会使对方产生好感。但过分谦虚是不自信的表现。在求职信中忌说"虽然我资历不够""虽然我不是名校的毕业生"等，用人单位关心的是你是否符合招聘岗位的要求。

（5）忌千篇一律

一定要把自己的强项写出来，将自己的"亮点"展示出来。

（6）忌粗心大意

要重复翻看，避免出现错别字和语法错误。资料要齐全，切记留下可随时联系上你的电话号码。

第三章 适应职业与社会

第一节 职业的适应与转换

一、职业的适应

(一) 自我身心适应

1. 观念适应

面对当今社会瞬息万变、日益复杂的情况，职业对人们思想品德素质的要求显得日益突出，随着社会经济的高速发展，整个社会的职业体系发生了很大变化。许多旧的职业开始在内涵上产生新的变化，甚至是走向消亡，同时又有许多新的职业产生，甚至成为热门职业。这就要求人们首先要转变陈旧观念，形成适应于新社会职业体系的新思想观念。随着整个社会经济和文化的发展，社会生活日趋民主化、法制化。这就要求人们在具有强烈的职业道德感和责任感的同时，也具有比过去更强烈的法治意识和法制观。

2. 生理适应

社会职业的发展要求人们不断提高自身的生理素质。随着社会职业的发展，整个社会出现体力劳动脑力化的趋势。从表面来看，这种脑力化趋势似乎对人的生理素质要求开始下降。事实上，生理素质是一切活动的基础和保证，因此越是趋向脑力化，越应重视提高人们的生理素质。

3. 心理适应

社会职业的发展要求就业者提高自身的职业心理健康水平。由于社会职业的迅速变迁，使得人们面临更大的工作压力，竞争加剧，工作和生活节奏加快，从而更可能引发精神上的疲劳、紧张、焦虑等不良情绪，影响心理健康，降低工作效率，给工作带来消极影响。因此，为适应当代社会职业的发展，人们必须增强自己的意志力、自控力、认识及心理调适能力，从而加强其对职业和社会的适应性。

(二) 岗位环境适应

1. 岗位环境

岗位环境包括自然环境和人际关系环境。

自然环境是指工作单位所处的地区和地理位置、气候、交通状况以及周边单位等。刚参加工作的新员工有必要在较短的时间里熟悉自然环境。特别是应聘到完全陌生的地区工作，不知乘几路公交车、穿什么衣服、到哪里消费等，可能因为不会乘车而迟到，或走冤枉路；可能因为着装不合时宜而影响身体或工作。当遇到这些麻烦时，往往就会产生不安全感，甚至会影响工作情绪。

人际关系环境是指机构内部风气，涉及与上司、同级以及下属的关系。工作单位是一个小型社会，它时时刻刻都在传达信息，告诉人们它对员工的要求以及规矩和限制。有些规定很具体，比如说，已经在工作描述和人事手册上形成的文字。还有些规矩是以微妙隐晦的形式表达出来的，如员工的穿着和谈吐风格、谈论话题、非官方领导结构等，这些微妙的线索一起构成了机构内部的风气，它也是维持工作环境稳定的纽带。熟悉这些环境，可以从中学到如何以合适的举止言行来满足需要和实现目标。

2. 岗位环境的适应

(1) 要尽快实现由学生到职业者的转换

开始做第一份工作时，不管事先做了多么仔细的考察或工作的选择有多么实际，都要面临接受现实、适应工作的挑战。工作与家庭生活或大学生活都不大相同，要留意与环境的关系、个人的形象、与他人交往的方式，另外还有上级在一旁的督促和评价。这种全新的体验常常会带来焦虑。最大的适应问题是从学校学习时的学生身份向工作的职业者身份的转型。

从考试、做实验、实习到独立承担一份工作要跨越一大级台阶。在工作中要纠正错误，克服困难，自己鼓励自己。他人给予的责备或安慰已不再像学校里那么多了。

(2) 学会接受工作现实

在工作中，失败的一个重要原因往往是不愿意接受工作现实，而是按自己的想象行事。适应新的工作环境需要时间和努力，可能一时不了解为什么这家公司要以这样一种方法来做事，但现实生活中的工作不会与书本上讲的一样。只有认真体味和仔细观察，逐渐适应环境，才能为成功地工作奠定基础。

(3) 学会与管理者进行有效交流

刚参加工作都要碰到的一个问题是如何与管理者进行有效的交流。如果管理者不善于与人打交道，或存在偏见、正在生气，甚至无能的话，麻烦就大了。不幸的是，这种问题仍需要员工设法来解决，因为员工是受聘于管理者的，除了服从管理者外，还要及时弄明白上司到底想干什么，当完全理解了他的意图时，要么积极地贯彻，要么采用符合自己身份的方式向他提出合理化建议。

(4) 学会与同事合作相处

同在一个单位，或者就在一个办公室或小组，搞好同事间的关系是非常重要的。关系融洽，心情就舒畅，这不但有利于做好工作，也有利于自己的身心健康。在工作中有八种言行会影响同事关系，分别是该做的杂务不做、有好事儿不通报、有事不肯向同事求助、常和一人"咬耳朵"、总是说私事、神经过于敏感、拒绝参加同事自发组织的"小聚"、领导面前献殷勤。处理好人际关系要切忌上述八种言行，还要学会宽容。要想和同事相处愉快，对和自己不同的人要保持宽容之心，与他们和气地打交道。在合作时，要给予别人指导或自己接受指导，分享观点和奖励，这就需要耐心、友好、宽容、审慎和机智的品质，具备了这些品质，就会赢得友谊和支持。

要学会与他人有效交流的方法，掌握在不同的层次上与人交流的技能。

第一个层次交流的技能包含读、写、说。几乎所有的工作都需要口头交流，同时有许多东西要求阅读，如信件、报告、会议记录、备忘录等。另外，大多数机构要求职业者能够清晰明确地表达看法，思路有条理，词汇和语法正确，易于理解、老练成熟，说服力强。写出的东西要清晰而富有逻辑性，正确使用标点符号。要想交到朋友，和同事打成一片，还需要有非正式的交流技巧，如袒露心声，提出异议，使用得体的幽默和保守秘密。

第二个层次的技能是自我表达——告诉别人自己相信什么，立场是什么，需要的是什么。这便构成了有别于他人的"个性"，这也正是吸引别人的地方。还要让别人知道自己的价值观、无法容忍的事以及内心的感受。这种坦荡、透明的个性会得到同事和朋友的尊重与信任。

(5) 学会化解和解决矛盾的方法

在同一环境中工作的人也许会有不少相同之处，但人们的工作方式、思维方式往往差别很大。当人们面临压力、责任不明确或个人需要得不到满足时，这种差别会导致矛盾的产生。采用正确的方法化解和解决矛盾有益于改善工作环境中的人际关系。首先，不要让差异扩大，避免将几件事情混在一起做，问题一旦发生立刻着手处理；其次，直接与对方打交道，别另外拉进第三者；最后，避免通过责备对方把事情复杂化，要就事论事，不涉及其他。

3. 注意社会适应能力的培养

(1) 职业技能

职业技能是从事某专业工作所需要的各种知识和能力，包括工作技能、对环境适应的能力等。工作技能的培养，应该从学校开始做起。一是要充分利用机会深入实际锻炼自己，如社会调查、学校集体组织的各项实践活动；二是要虚心向有经验的人学习；三是在实践中培养分析问题、解决问题的能力。通过以上三个方面实践锻炼，找到自己的不足之处，抓紧在校期间进行弥补。

（2）人际交往能力

人际交往能力是社会基本技能之一。人际交往能力的培养最主要的是要处理好以下几个方面的问题：①虚心求教，克服嫉妒心理；②培养待人宽宏大度的品质；在人际交往中要求大同存小异，待人宽厚，能谅解他人的难处，原谅他人的缺点；③增强自信心，克服"社交恐惧症"。大学生毕业后，经济活动、语言交谈，都少不了接触各方面的人，如不能谈吐自然，恰当交往，将影响个人的人际关系。所以，恰如其分与人交往的能力是每个大学生都应努力具备的。

（3）生活技能

生活技能是指生活自理的能力、独立解决生活中困难的能力。生活技能的高低直接影响一个人的成就大小。年轻的大学生应该在培养生活技能的过程中显示立世、立身、立业的本领。

（三）尽快进入角色

一个人在自己的职业生涯中要经历不同的角色，如学生、职业申请人、学徒或受训人、职员、顾问、主办人和退休人员等。每一种角色都有中心任务、主要活动以及特定心态。

由职业申请人转为学徒，只需要短短的时间，而再转为正式职员的时间却不确定。不管时间长短，进入新角色的标志是一样的，要有自信心，在感情上对单位要有归属感，作为独立的个体做出贡献，找到和形成被人承认的专业领域的个人职业定位，与高级管理人员之间建立咨询关系。具体地说，所谓进入角色就是进入工作状态，能承担和胜任本职工作。

1. 要珍惜岗位，树立敬业思想

当今社会是竞争的社会，行业之间、人员之间必须遵循市场经济规律，优胜劣汰、适者生存，所以要十分珍惜上岗的机会。要干一行爱一行。千万记住不敬业就会再失业。要努力工作，谦虚为怀。少攀比，不计较个人小利益。

2. 遵守岗位责任制

理解、贯彻指令，服从安排，无论到哪个企业、哪家公司、哪个机关、事业单位，都要时刻记住这一点，对岗位责任制就要服从并完成任务。分外的事，要在完成自己任务的基础上再去考虑。另外，上岗之初要给上下级一个好印象，也就是要"踢好头三脚"。要眼勤、手勤、腿勤，坚持做到"多想、多问、多做、少说"。

3. 提高工作效率

（1）要制定一天的工作计划。根据任务的轻重缓急，制订计划，必要时可随时修订计划。（2）完成一项工作之后再开始另一项工作。不要两次拿起同一份文件——时间就是这样溜走的。（3）定期清理所有的资料，无用的随时扔掉。（4）每天下班前整理自己的办公桌。（5）所有文件要分门别类地放好，不要把时间花在找东西上。（6）建立个人信息系统。日历、地址簿、电子邮件信箱、效率手册等都会帮助提高工作效率。（7）对上级和同事之间的工作问询要立即响应，拖拉不是好习惯。（8）下班前再想一想，是否完成了当天的工作，还有哪些遗漏。

4. 追求卓越，适应新的工作环境

（1）与其因懈怠而生活在再次失去工作的恐惧中，不如努力工作去赢得同人的认可。（2）不断对自己的工作进行反省。一个从来不自我批评的人，一定经常遭到他人的批评。（3）工作必须专注。对所有事情都感兴趣的人一定什么事都做不好。（4）工作要有魄力，世界上没有什么不可能的事，昨天的梦想也许就是今天的希望，更可能在明天成为现实。

（四）坚持终身学习

1. 人的终身学习是21世纪的生存概念

国际21世纪教育委员会向联合国教科文组织提交的《教育——财富蕴藏其中》报告中指出，教育的四大支柱才是学习的真正内涵，即学会认知、学会做事、学会共同生活、学会生存。当然这是学习含义的最广义理解，具体落实到学校操作层面上，学习一般是指个体经验的获得，及由此而影响到个体行为变化的过程，包括学习兴趣、意志、情感的培养与学习能力的生成，形成个体的学习知识、心理、能力、品质、习惯等学习素质。学习素质的含义可以理解为个体在学习过程中掌握的学习规律、学习方法、学习能力、学习心理，具备学习品质与习惯等因素的综合表现。

据科学预测，未来每十年就要发生一次职业革命，每次革命都要淘汰一批人，但同样造就一批新人。要成为新人，就必须迎接学习挑战，获取技能，方能在激烈的人才竞争中不被淘汰。

2. 必须树立终身学习的思想

21世纪的到来，大量先进的高新技术被更多、更快地运用到生产实践中，三大产业

结构也由劳动密集型、资源密集型逐步向知识密集型、技术密集型转变。大量低效率、重体力岗位将被淘汰，取而代之的高效率、高科技含量的机器设备被运用到生产中，迫使用人单位越来越注重那些能驾驭这些设备的人才。因此，今后的人才需求将势必集中在那些具备高素质、能学习掌握新技术、新知识的可持续发展的高潜能和复合型的人才身上。21世纪是素质决定就业的时代，必须树立终身学习的思想。

市场经济的特征是竞争，优胜劣汰，适者生存。为了能在市场中站稳脚跟，各生产厂家纷纷注重对人才的选拔、运用，以降低成本，提高效率。因此在人员要求上，不但要看技术等级和熟练程度，更注重个人的能力与素质的高低。而在有限的大学学习期间里，掌握的知识、技能也是有限的，如果走上工作岗位不再继续学习，是难以适应社会快速发展的。

3. 如何进行终身学习

首先，要努力精通已有的专业知识和技能；其次，要结合本专业、本岗位学习，掌握岗位必需的相关知识；再次，要不断吸收新知识、新技术，更新旧知识，边工作、边学习、边提高，做到不落伍；最后，还要向一专多能方向发展，也就是要努力做"通才"。只有终身学习，才能终身受益。

二、职业转换

（一）职业转换的原因

1. 职业转换的客观原因

（1）传统的劳动关系发生嬗变，使职业转化成为可能

纵观以市场配置为基础的劳动关系、劳动制度，它的嬗变可以概括为以下几个重要特征。

①市场经济默认劳动力的个人所有制，进而使劳动者的自主性人格得以确立

市场经济客观上默认劳动能力是个人的天然权利，承认劳动者的劳动力属个人所有。这是实现市场就业配置劳动力的基本前提。社会尊重每个人自由支配自己的劳动权利，如体现在劳动者自由选择职业；自由地与用人单位洽谈工资、待遇、报酬等问题；自由地选择在何时、何地劳动，这说明市场经济条件下，劳动者是一个真正的自由人。

②市场经济否定计划经济体制中的"一次分配定终身"的劳动制度，它确立劳动力的供给与用人单位需求的双向选择权利

在劳动力市场上的双向选择中，其一是倡导人才流动，即包括垂直流动与横向流动，这是合理合法的行为；其二是市场也确立需求方（用工单位）有权对劳动者进行考核、择

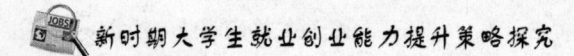

优录用,这就是企事业单位有自主权。这种双向选择是劳动力市场(包括专业人才市场)优化配置的基本特征之一。

③市场经济确认每个劳动者的劳动价值和人力资本的价格,以市场上的供需规律来调节劳动力的配置

市场经济是以高工资、高福利待遇的利益导向来分流劳动力的。传统的计划经济,用行政手段来配置劳动力,这势必忽视和否定劳动力价值。市场确定劳动力价值,一般是确立人力资本价值,如上大学的比上中专的人力资本要高。因为前者的教育投入多于后者,其能力和知识一般也高于后者,因此劳动力价值也高于后者。而作为大学生参加工作,当然比作为中专生参加工作的收入要高些。市场经济把不同人力资本分成不同等级和不同的劳动力价值,它的实现形式也就是不同的工资价格。

④市场经济对劳动力的配置还强调了公平竞争性,确立能力至上的原则

在传统计划经济的行政配置下,可以通过走后门、拉关系找到好工作、好工种,甚至获得好的福利待遇。但市场化的配置是强调公平竞争、能力至上,因为在市场经济下用人单位本身就有一种产权约束,谁能给企业(公司)带来效益就录用谁。公平竞争也促使劳动者不断地提升自己的素质,以适应劳动力市场的挑战。

⑤市场经济下的企业劳动组织是一种契约性机制

在用人制度上实行合同制或职工股份制这两种制度来确认劳动者的权利、义务和责任。市场经济也是合同经济,在企业用工制度上通过职工与企业签订合同来确立双方的法律地位和各自承担的义务和责任。而职工股份制是以财产的分享制来规范、制约职工(劳动者)的义务、责任和权利。无论是合同制还是职工股份制都明确地界定了劳动者的身份、地位、责任、义务和权利,这是市场经济下企业劳动关系有效发展的基本制度。

(2) 产业结构调整,使下岗、转岗成为必然

知识经济的快速到来,高科技产业的迅猛发展,在不断创造新的就业机会的同时,迫切要求劳动力素质升级换代。一方面是劳动的知识含量越来越高;另一方面是生产作业方式开始从密集型向分散型,从工厂集体劳动向家庭、分散式劳动转化。处于工业化中期,甚至初期阶段的中国工业及其他产业,大部分开工不足、产品供大于求、出口量下降。这标志着中国产业结构正在迅速地向信息化、知识化产业过渡,有相当大一批人下岗正是这种趋势的必然反映。

2. 职业转换的主观原因

(1) 从业者个人素质较低,导致被迫转岗

个人可能由于知识、能力达不到本职工作要求,被迫转岗。如办公自动化的岗位需要

懂计算机的人员；搞市场营销会要求员工既会开车又懂营销业务；从事业务洽谈需要懂外语等。在激烈的人才竞争中，如果你没有优势，就有被淘汰出局的可能。

（2）从业者个人的人格缺陷，导致被辞退

有的人性格中存在明显的缺陷，处世方法不当，被"炒鱿鱼"或不适应环境而被迫走人；还有的人表现得自私自利，刚愎自用，不善于听取不同意见，不能与人共事，缺乏合作意识等。这类缺点会导致上司和同事对你的人品和工作方式产生看法，也会直接影响团队人际关系及合作意识，如不及早纠正，不是被"炒鱿鱼"就是被环境"排挤"出局。

（3）本人专业不对口或能力优势得不到发挥而要求转岗

刚从学校毕业的青年学生，在第一次就业时表现得一般比较盲目，因为对岗位的选择机会太少，往往是急于找到安身之所，很少考虑专业对口，特别是岗位是否适合自己。在经过一段人与岗位的适应与磨合之后，可能会对自己和岗位有新的认识，会发现当前就职的岗位发挥不了自己的专长或优势，甚至职位、待遇也不合乎自己的理想，这时会做出转岗的新选择。

（二）职业转换的原则

双向选择、自主择业的就业原则给大学毕业生就业和转岗提供了极大的选择自由度。过去的一次分配定终身的情况不再有。从业者不仅在第一次就业时可进行多项选择，就是在就业之后也还可以跳槽，进行多次选择。这样宽松的人才流动机制应该是符合市场经济条件下人才流动的规律的。对于要进行职业转换的年轻从业者而言，不仅要看到大的社会环境，还应坚持必要的转换原则。

1. 比较性原则

把当前的就业岗位与待选岗位进行比较。比较的内容主要应该集中在岗位性质、知识能力的要求，工作环境、物质利益等几方面。经过比较，从诸多因素中选出适合自己的因素作为转换岗位的依据，还要把眼前利益和长远利益进行比较。有些岗位暂时显不出太大优势，但很有发展潜力和前途，如那些知识含量高的岗位或部门，在刚开始时可能不如某些商品流通单位的收入高，但高科技产业将来的发展前途肯定是看好的，我们在比较时，就不能只顾眼前利益而舍弃具有潜在优势的单位。

2. 个人愿望与社会客观实际相符合的原则

不论是出于哪一种原因需要转岗，都必须坚持个人愿望与社会客观实际相符合的原则，即实事求是的原则。如果是单位结构调整等需要转换岗位的，作为个人要承认和面对这个社会客观实际；如果是本人不胜任工作等需要转换岗位的，不要怨天尤人，要直面现实、奋发努力；如果是认为自己的能力、特长没得到发挥，自己的价值未得到实现，而要求转岗的就特别要慎重。要认清自己，看自己是否有转到比目前岗位更好的岗位上去的实力。切勿盲目和主观臆断，如果现实中没有你想得到的岗位，草率做出转岗决定就会使你陷入两难的境地。

3. 主动性原则

改革开放以来，虽然出现了许多人被迫下岗的现象，但也有些人是主动丢掉铁饭碗去闯世界、建功立业的，这就是主动性原则。社会给人们提供了实现自我价值的机会，年轻人要敢于抓住机遇，主动迎接困难与挑战。当目前的岗位保不住时，决不能固守"围城"，而要主动冲出围城，去寻找新的发展机遇；当目前的岗位束缚自己发展时，不能患得患失，要主动给自己松绑，投身更适合自己发展的工作中去；当机会与困难并存时，要抓住机遇，迎着困难上。成功是在创业中取得的，许多再就业成功的典型人物的事迹都证明了这一点，许多创业成功者的经验更证明了这一点。

（三）职业转换的准备

1. 职业转换的心理准备

（1）要有适应新岗位的心理准备

我们处在一个由计划经济向市场经济急剧转轨的时期，下岗、转岗是市场经济的必然产物，已走向社会的大学生对自己将要面临的形势要有足够的心理准备。一是要对市场经济条件下人才竞争的激烈性与残酷性有足够的了解与认识。未来的人才市场不仅对人的素质要求很高，而且人才之间竞争激烈，适者生存，优胜劣汰。二是要对市场经济条件给人才流动所创造的自由选择机会充满信心。

（2）要有艰苦创业、不怕失败的心理准备

许多人转岗是为了实现自己的人生价值和理想。当做出这种选择时，就要有艰苦创业、不怕失败的心理准备。很多成功者曾经经历过的创业的万般艰辛和他们不屈的意志都告诉我们"天上不会掉馅饼"。创业的路上充满荆棘，对于刚进入社会不久的青年学生来说，一无经验，二无资金，要想转换一个自己理想的岗位，唯有脚踏实地，从零做起。

（3）转变观念，突破"围城"

传统就业等级观念，把职业分成三六九等，一些受此影响的人只向往当干部做"白领"、进国企、坐办公室等，这种择业观念犹如"围城"，会把一些人困在其中。在就业形势十分严峻的今天，我们应主动突破这种择业"围城"。俗话说，三百六十行，行行出状元。职业本身无贵贱之分，无等级之别。著名教育家黄炎培先生曾说过："职业平等，无高下，无贵贱，苟有益于人群，皆是上上品。"由于城乡差别的存在，以及城市民俗文化的影响，使一部分城市人和从农村出来读了书的年轻人产生虚荣心，他们认为城市的门槛要比农村的门槛高，自己的身份要比有些人高，应该从事轻松舒适的职业。这种择业观念把许多等待就业的人困在"围城"之中，造成了一边是职工下岗，一边是空岗无人的奇特现象。

（4）要确立职业社会化意识

职业社会化是指人一生都在与各种各样的职业打交道，获得对各种职业的认识，最终选择适合自己的职业，进而在职业中获得成功。个体职业社会化，即个体进行与职业有关的社会化活动，包括学习与职业有关的知识，形成一定的职业意识，以致有效选择和适应职业角色，有效应对失业、下岗后的再适应，乃至适应将来退休的整个历程。

确立职业社会化意识，有助于青年学生正确认识和确立既适合社会又适合自己的职业意识、职业态度、职业需要和职业动机，进而有目的地发展自己的职业能力和个性。

2. 职业转换的能力准备

无论是哪种原因需要转换岗位，要实现成功转换，除了必要的心理准备，还必须有足够的能力准备。过去，人们受"终身职业"观念影响，往往只满足于一技之长，很少注意储备多种技能和知识。于是，一旦失业便束手无策，难以在新产业部门中找到新就业岗位。

对于大学生而言，职业转换的能力准备，主要是指知识、能力乃至更高的学历的准备。在准备转换或必须转换时，都必须衡量和补充自己的实力。如果需要为自己"充电"，补充知识，切不可盲目。当准备重新选择职业时，不妨做好以下几件事。首先，重新审视自我，评价自我，用一个社会人的眼光为自己定位；其次，研究对未来有哪些选择，又可以给自己做哪些改变；再次，为自己设计一个职业发展规划；最后，把它付诸实践。

制定职业发展规划时，应注重五个方面的内容：确定职业目标；确定成功标准；制订职业发展的通路计划，即在职业生涯过程中由低到高，拾级而上的每一职位的学历、工作经历、技能和知识；明确需要进行的培训和准备；列出大概的时间安排。按照这个职业发展规划，去安排自己的近期目标和长远目标，这样，行动会有的放矢，少走弯路，达到事半功倍的效果。事实表明，越是经济发达地区，人才竞争越激烈，越是竞争激烈的地方人们就越是会主动或自觉地去补充、完善自己的知识和技能。

3. 主动"充电"考证

（1）执业资格证书

目前中国有部分专业实行执业资格制度，如注册会计师、监理工程师等。由于这一制度的推行，相关行业的业务培训工作已明显从以前的职称准备考试转向了执业资格考试。

拥有一张全国通用的执业资格证书，会使自己的身价倍增，在人才市场上更能得心应手。

（2）业务考试证书

在业务考试方面，专业技术职务（职称）考试长期以来一直是中国专业人员能否获得更高一级职称的关键，因此受到广泛重视。其实这种重视最后主要集中在外语考试这一项上，因为在众多考试中只有外语考试是"统考"，比较正规，现在又加上一门计算机应用。由于职称或等级证书与个人的收入水平直接相关，因此为了获得一张自己所追求的证书而自愿接受培训，成了大多数人在职业领域发展的基本共识。

（3）通用技能证书

现在英语口语、通用计算机软件应用和驾驶技术是大家公认的通用技术，也被认为是通向21世纪的必备技能，在社会大量办学机构中，这三个专业的开设率最高、就读人数最多，证书的通用性也最广。

（4）海外考试证书

在十多年前，许多人把托福高分的证书视为进入美国的第一步，由此社会上形成"托福培训热"。如今，这些洋证书已越来越多，什么剑桥商务英语证书、多益考试证书、微软认可证书、英国公认会计师证书、伦敦教育学会证书、英国宝石协会钻石鉴定师证书等洋证书，已成为一些人出国谋生或到三资企业谋职的"敲门砖"。

第二节 积极适应社会

一、从学生角色向职业角色转变

（一）社会角色和角色转换

"角色"本意指演戏的人化装后扮演的戏剧中的人物，后来这一概念也运用到社会心理学中，社会也是一个大舞台，社会中的人也扮演着各种各样的角色。

在社会生活中，人的社会任务或职业生涯随着自身所处的内外环境变化而变化，社会角色也随之变化。一个人从一种角色转换为另一种角色的过程称为角色转换。通常一个人会经常变换自己的角色，就如同舞台上的演员一样。人处在不同的社会地位，从事不同的职业，都有相应的个人行为模式，即扮演不同的社会角色，如下班回家，就要从职业角色变换为家庭成员的角色。这种经常性的由上级到下级、由领导到子女、由学生到老师等都是角色的转换。

角色冲突是普遍存在的。从事职业的变化，职务的升迁，家庭成员的增减，都会产生新旧角色的转换。新旧角色转换过程中必然伴随着新旧角色的冲突，不过可以通过角色协调使得角色冲突尽可能地降至最低限度。协调新旧角色冲突的有效方法是角色学习，即通过观念培养和技能训练以提高角色扮演能力，使角色得以成功转换。

(二) 学生角色向职业角色的转换

从学生角色向职业角色的转换是人生最重要的角色转换之一。根据社会心理学的角色理论，大学毕业生从学生角色到职业角色的转换，必然伴随着角色冲突、角色学习和角色协调等一系列过程。因此，大学生在开始自己的职业生涯之前，应该学习一些相关的知识，对自我、对社会、对即将从事的职业进行细致深入的了解和调查分析，找出自身的不足，提高心理承受能力和抗挫折能力，加强角色认知，做好上岗前的各项准备，以便顺利实现角色转换。

1. 学生角色向职业角色转换的三个阶段

(1) 在校期间的实践是角色转换的基础

学习期间的专业劳动和社会实践是学生接触社会、走向社会的第一步。通过专业劳动技能能够使学生充分认识专业特点，巩固专业思想，有利于学生更好地锻炼自己的专业技能，有利于学生对职业角色的认同。社会实践是学生运用自身专业特长，展示才能，服务社会的重要渠道，可以作为角色转换的准预备阶段，它可有力地推动学生在毕业实习期间演习角色的转换，促进学生角色向职业角色转换。

(2) 毕业前的角色转换

目前，中国大学毕业生在每年的七月初离校，奔赴工作岗位，但是就业工作一般从大四上半年甚至大三下学期就开始了，可以说，这一时期是毕业生转换角色的重要阶段，主要表现在毕业前夕是择业的黄金时期，毕业生与用人单位接触的过程中，能够比较全面地了解到用人单位的基本情况，切身体会到社会对自己的认可程度，并依据自身的感受调整职业期望值，实事求是地定位自己的职业。这是从学生角色向职业角色转换的第一步，这为大学生的职业角色确定了一个基调，对角色的转换将产生深远的影响。

(3) 见习期的角色转换

一般来说，大学生工作的第一年为见习期，之后转为正式人员。有人形象地称之为"磨合期"。初到工作岗位，生活和工作环境与大学相比，都有很大区别。高校大多位于大中城市，学习和生活环境比较优越，空闲的时间比较多，生活节奏比较缓和，压力较小。而职业岗位不一定在城市，有的环境相当艰苦，由于工作繁忙，经常要加班，属于自己的时间很少，从大学学习环境向职业环境转变，往往加剧角色冲突。为此，大学生要加强见习期的角色学习，使角色转变顺利。

2. 职业角色的基本要求

刚参加工作的大学毕业生要在较短的时间内获得同事的认同和领导的肯定，应当从以下几个方面提高和锻炼自己。

（1）要善于展现自己的优良品格

大学生因为具有新知识而受到同事的青睐和尊敬，但也会因此容易在一些同事之间产生一定的距离。因此，大学生在同事面前一定要表现得谦虚、随和，在尊重有经验的老同事的同时，适度地展现自己的知识，以谦虚诚恳的态度与同事探讨问题，真诚待人。也可以利用业余娱乐的机会，在交流中让大家了解你的为人和性格，表明自己的世界观、人生观和价值观，缩短与同事间的距离，成为大家的朋友。千万不要以文凭盲目自大。

（2）要树立工作的责任意识

大学生对未来都有美好的愿望，都想在事业上有所作为，但大多数大学生在走上工作岗位时不会被委以重任，而是先从简单的辅助工作做起，这也符合人才成长的基本规律。但是，有不少人认为自己被大材小用了，对一些工作不愿意干，甚至闹情绪。其实，这是缺乏责任意识的表现。干任何一项工作，都要有足够的热情，要有丰富的经验和随机应变的能力。这种经验和能力的获得并非一朝一夕之功，而是要靠平时工作中的积累和训练。因此，不管工作大小，大学生都要以满腔的热情、高度的事业心和责任感来对待，圆满完成任务。

（3）要培养实事求是的工作作风

大学生具有较强的自尊心和自立意识，在工作上想独当一面，取得成就，但有时工作难免出错。工作上出现错误并不可怕，可怕的是不能正确面对错误，实事求是地承认错误。工作中一旦出现错误，要认真分析原因，总结经验教训，找准失误点。要敢于向领导和同事承认错误，勇于承担责任，以获得领导和同事的同情和理解。同时，要虚心学习、请教，吸取教训，防止类似的错误再次发生。

（4）要重视岗前培训

岗前培训对于刚刚走上工作岗位的大学生的角色转换是非常重要和必要的。它不仅仅是让新员工了解单位的基本情况，熟悉规章制度和工作程序，更重要的是通过岗前培训来树立集体主义观念，培养新员工的人际协调能力和奉献精神，从某种意义上讲，岗前培训可以直接反映出新员工素质的高低，因此单位都非常重视岗前培训，并依此择优录用，分配岗位。

毕业生一定要以认真的态度把握好这样一次充实自己、表现自己和提升自己的良机，事实证明，很多毕业生就是因为在岗前培训期间显露才华、表现出色而被委以重任的。

二、积极适应职业角色

对职业的适应是大学生社会化的重要组成部分，职业适应就是在对职业具有一定认识的基础上，通过不断对自己的职业观念、态度和行为习惯进行调整和改变，以符合职业的要求和职业的变化。

（一）塑造良好的自我形象

人们评价一个人往往以先入为主的印象，通常最鲜明、最深刻，使人拂之不去、经久难忘，它形成一种定式，长期影响着周围人们以后的评价。大学毕业生从到工作单位报到的适应期起就要注意自我形象。自我形象主要指与他人交往中，留在他人心目中对你的印象，这个印象与你的外表、气质、思想和言行密切相关。第一印象塑造成功，实际上就迈出了就业上岗坚实的一步，意味着在以后的工作道路上可能会比较顺利。同事间会相处较好，大家愿意与你合作共事。相反，如果给人的第一印象不好，相处时关系容易紧张，合作共事可能会磕磕碰碰。所以，大学生一定要特别重视第一印象的塑造，开好头。下面谈几个注意点，供大家参考。

1. 外表仪态

衣着服饰是一个人文化素养的外在表现。人们会根据一个人的外表来判断他的品位。倘若一个人对自己的着装和修饰过于随便，他会被看成不修边幅甚至邋遢不羁的人。作为一个职业者，穿着打扮要与所在单位的文化环境、与周围的同事们保持协调。对刚刚走上就业岗位的毕业生，首先，必须合乎单位大多数人的品位；其次，考虑自己的身材特点、个性爱好以及自己的身份。如果对单位情况还不太了解，第一天报到时，衣着尽量以普通大方，整洁得体为主。另外头发长度要适中，双手洁净。女孩子要慎用化妆品，不宜浓妆。

2. 言谈举止

言谈举止在人们日常的待人接物时显得十分重要。亲切、热情、诚恳、守信用、守纪律等行为举止总能给人留下美好、难忘的印象。所以在与他人交往中，应热情坦诚，文明礼貌。应注意发现别人感兴趣的话题，不要只顾谈论自己，还要善于倾听别人诉说。尤其不要随便打断别人的谈话。若发现看不惯的现象或对问题有不同想法时，不要随意议论和轻易否定。为人处世要讲道德，讲信用。对自己严格要求，自觉遵守劳动纪律和单位的规章制度。

3. 工作作风

良好的工作作风包括工作态度积极；能服从工作安排，接受领导的指示；认真完成工作任务；按规定操作的程序完成工作；能接受临时指派的工作；当工作伙伴有要求时，能协作完成任务。总之，要认认真真、踏踏实实完成工作，切忌浮躁、漫不经心、丢三落四、虎头蛇尾。不要随意在工作时间做私事，随意串岗，更不要随意翻看别人的文件等物品。

（二）建立和谐的人际关系

社会中的人际关系与学校里的人际关系差异甚大。社会中的人际关系呈多方面、多层次和多类型的特点。在交往中碰到的对象的文化程度、年龄、性别、性格、阅历、工作性质、兴趣爱好等方面存在的差异，构成了社会交往中人际关系的复杂性、多样性和不可预见的特点。这种社会交往不再是大学同学之间、师生之间的单纯的交往。因此，大学毕业生必须用心观察并弄清社会人际关系之间的特点，研究和掌握社会上人际交往的一般规律、原则和技巧，这对于毕业生尽快适应职业角色具有特殊的现实意义。

1. 理解他人

工作场所是一个小的社会环境，不像学校那么简单。工作伙伴中，每一个人经历不太一样，可以说各个人的思想、观念、性格千差万别。在同一部门，同一岗位的工作伙伴即使合不来、不喜欢，也必须一起工作下去。如果头脑中有这样的想法"我不喜欢这个上司，能不能换个部门""我和他合不来，觉得他好烦"，那么工作就很难开展。所以，对他人要多一些宽容，多一些理解。工作中要多听取工作伙伴和其他同事的意见，不要以自我为中心。

2. 平等待人

单位里的人际交往，既有与同事之间的交往，也有与领导之间的交往；既有与熟悉的人的交往，也有与陌生人的交往；既有因工作的交往，也有因生活的交往等。刚走上工作岗位的大学毕业生在交往过程中要摆正自己的位置。平等待人、平等相处、团结合作，这是建立良好人际关系的前提。没有平等待人的观念，就不能与周围的人融洽相处。

3. 尊重他人

美国著名诗人人文主义者曾说"对他人不尊敬，首先就是对自己不尊敬"。人都有自尊心，要求别人尊重自己是每个人的权利，而尊重别人是每个人的义务。要做到尊重他人，首先在交往中做到礼貌为先，这样他人才有兴趣和热情与你交往下去。尊重他人，还应注意一些细节，如与别人交谈时，不要看书看报，东张西望或做一些小动作等，眼睛要注视对方。在与人交往时，不要触及别人的短处。遇到单位同事或长者要热情打招呼。这些看起来是小事，实际上是人际交往中尊重他人的表现。

4. 宽以待人

人际交往中，应做到严于律己，宽以待人。看别人，要看主流，看本质；求大同存小异。

宽以待人可以使自己更多地看到别人的优点，善于向他人学习。即使发现对方有错，也要能用"金无足赤，人无完人"的辩证观点来对待。

如果与人在工作上发生矛盾和冲突，应该对事不对人，工作中的分歧不要非理性地上升为个人之间的矛盾；当矛盾发生后，要主动沟通，消除隔阂，尽可能地达到相互理解；如果确实是自己有不足之处，要勇于承认错误，向对方道歉。为人随和、宽宏大量的人容易与人形成良好的人际关系。

在人际交往中，一方面要随和、忍让；另一方面在遇到原则性问题时，要坚持原则，在必要时要据理力争。

（三）积极适应工作岗位

从大学生到合格的职工转变，有一个过程，单位通过对新参加工作的大学生进行教育、上岗培训等，来帮助毕业生在较短的时间内完成从学生到合格职工的转变。但更重要的是，大学生自己应该主动去适应职业角色的要求。

1. 立足工作岗位，树立新的意识

刚刚毕业的大学生在走上工作单位之前往往对角色转换的认识模糊，对即将从事的职业缺乏全面准确的了解。因此，尽快树立新的意识，形成职业观念是非常重要的。

首先，树立独立意识。走上工作岗位后，大学生已经成为社会认可的具有独立资格的真正意义的社会人，在生活上要自理，尤其是工作上要独当一面，承担一定的社会责任。

其次，树立团队意识。由于学生角色中心任务的特殊性，学校环境的相对独立性，使一些大学毕业生的协助精神和团队意识远远不能满足职业的要求。而现代生产过程的组织与管理，单靠个人的力量显然是不够的，必须是很多人相互配合、相互协作才能完成。这就要求每一个成员都要有互相协作的团队意识，从整体利益出发，个人利益服从整体利益，顾全大局，并建立良好的人际关系，创设一个友好合作的氛围。

最后，树立主人翁意识。个人工作成绩的好坏，不仅和自己的前途密切相关，而且与单位和部门的兴衰荣辱有密切联系。因此，大学生要牢固树立主人翁意识，以国家兴旺、民族强盛和单位发展为己任，立足本职，做好工作。

2. 坚持学习求教，不断完善自我

大学毕业生已经具备了比较扎实的基础知识和专业知识，但是社会角色的适应过程是一个不断学习、不断完善、循序渐进的过程。初到工作岗位,大学生拥有的知识量不一定足够大,知识结构不一定合理,因此要根据职业的特点、性质、工作程序及其相互关系,不断学习新知识,增强自身素质和能力,提高工作技能和业务水平。除根据自身情况需要补充必要的知识外,非智力因素也是影响大学毕业生获得职业技能的重要因素,应注意改善和提高。

3. 勤学多思,锻炼自己的能力

一般情况下,一个大学毕业生刚刚来到一个单位,领导和同事对他的业务能力的高低不一定在短时间内就能给一个定论,但在日常的工作中所表现出来的思维方式、与他人沟通和组织协调的能力等,可能在短时间内会留下深刻印象。所以锻炼自己的能力很重要。毕业生要踏实工作,增加自己在职工中的影响力;要积极思考,提高自己对事物的洞察力;要与人沟通,发挥自己的组织协调能力。

4. 准确把握自己,慎重选择

由于自身能力、机遇或工作单位等方面的变化,一些毕业生就业后需要重新选择职业。这要求毕业生准确把握自己,具体情况具体分析。一方面,要珍惜第一次职业的选择,认真地、实事求是地分析自己对职业不满意的原因。如果是因为自己的眼光太高,那么就应主动调整目标,热爱自己的职业,从点滴做起,踏踏实实地工作;如果是因为自己的能力不够,那么就应当虚心学习,不断提高自己的能力,单单抱怨单位是不行的。另一方面,如果确实是因为客观的原因,经过自己努力调整仍然难以适应现有的工作岗位,则可以慎重考虑重新选择职业。

三、如何走向成功

大学生毕业就业,即开始了人生旅途中一段新的征程,人生事业成功的前景已经展现在面前。然而,通向成功的道路并不平坦,只有经过顽强拼搏,脚踏实地,不断完善知识结构,提高综合能力,才能在现代化经济建设的宏伟事业中实现自己的人生目标。

(一)脚踏实地,实现职业生涯目标

1. 制定切实可行的职业生涯目标和策略

很多刚参加工作的大学毕业生经常会有这样的问题"我到底适合做什么?"或"为什么我总是不能满意现在的工作?"这些问题表现在行动上便是不断地从一家公司换到另一家公司。在很多时候,没有职业目标的人为了适应新的工作岗位,总是在不得已地做着各种各样的调整,弄得自己筋疲力尽。因此,为自己确立一个可行的职业发展目标是十分重要的。成功的职业生涯无不从一个成功的目标定位开始,而成功的目标定位是从业者依据

自身条件，对所将从事的行业与所求职位的判断和选择。

有了明确的职业生涯目标定位后，就要制定切实可行的职业生涯策略，职业生涯策略是指落实目标的具体措施，主要包括工作、训练、教育、轮岗等方面的措施。个人在选择职业时，就要考虑诸如企业能否为员工提供适当的学习与培训机会，让员工能够取得工作所需要的技能与经验等。

2. 在勤恳的实践中实现职业生涯目标

实践是知识创新和发展的源泉，也是毕业生锻炼成长的有效途径。毕业生要成才，就要勤于实践，将所学的理论知识与实践结合起来，在实践中持续学习，不断总结，逐步完善，有所创新，并在实践中提高自己现有的知识、能力、智慧等因素合成的综合素质和能力，为自己事业的成功打下良好的基础。

首先，有勤奋的工作作风。韩愈曾说过"业精于勤荒于嬉，行成于思毁于随"。勤奋既要动脑，即时捕捉外界各种新信息，通过思考运用到工作中去，以提高自己的工作能力；又要勤动手，凡事主动去做，不怕吃苦。

其次，善于总结经验教训。对于刚刚走上工作岗位的大学毕业生来说，由于人生阅历、工作方法、工作经验等方面的欠缺，在工作中难免会出错，让人有"不成熟"的感觉，但只要通过不断总结与反思，肯定成绩，纠正错误，向其他同事学习，是一定会得到提高，干好工作的。

最后，有坚持不懈的精神。"合抱之木，生于毫末；九层之台，起于垒土；千里之行，始于足下。"做任何事，都不能操之过急。在工作中既要发挥自己的主观能动性，也不可锋芒毕露，不要过于心急而有邀功的思想。暂时没有成功或没能得到肯定，也不要泄气。要一如既往认真对待工作，最终会成功的。

（二）善于沟通，让领导和同事看到你的成绩

1. 要明白领导提出的工作要求

要把领导布置的工作做好，必须认真地主动地了解领导的意图，如果没弄清领导的意图就随便去做工作，很可能把事情搞砸，费力做事却不讨好，反而给领导留下不好的印象，会误以为你不认真工作，敷衍塞责或者欠缺工作能力；一旦留下这样的印象就很难改变过来。所以做工作以前要明白领导布置这份工作的用意及要达到的目的。

2. 要加强与领导的沟通与交流

当一时没搞清领导的工作要求，或领导迟迟看不到你的工作业绩时，就应寻找机会与领导进行沟通。想在工作中有所成就，消极等待与只顾默默工作都是不可取的，努力找机

会让领导明白自己的想法,才是积极的做法。

在与领导沟通前,先要自我评价一番,不要事无巨细,事事向领导汇报,领导的时间很宝贵,不要让他觉得你在浪费时间。想清楚自己最近做得最成功的是什么,领导最看重的是什么,对今后的工作有什么好的建议等。讲述得有条有理,有独到的见解,会让领导眼前一亮,对你刮目相看。

3. 勤恳苦干,在工作中创造业绩

重视沟通并不意味着投机取巧,在职场中,只有勤恳苦干才是积攒沟通资本的唯一途径。在工作中,展示自己的工作能力与人格魅力,取得不凡的工作业绩,才会赢得同事的尊重,才会博得领导的青睐和认可。

(三)要不断进取,在适应变化中成长

要学会适应环境,在任何环境下都能做好职业发展规划。人生无时不在面对顺境与逆境的问题,刚毕业的大学生也是一样。当你处在顺境时千万不要得意忘形,因为你的终极目标是追求事业成功和人生幸福。并不是人人都能实现这一目标,现在的顺境只是万里长征的第一步,要更加谦虚谨慎地做人,更加踏踏实实地做事,以坚定的步伐向自己的目标前进。面对逆境,面对工作中的困难要有足够的心理准备,尤其是刚步入社会的高校毕业生。

如果你对新环境、新工作的困难有足够的心理准备,当你遇到逆境时就不会惊慌失措,而是泰然处之。在遇到困难时,要冷静分析造成困难的主客观原因,尤其是主观原因,以便对症下药。如果领导、同事一时不理解你、误会你。要学会沟通和忍耐,等待机遇,不能简单地与领导、同事对抗。高校毕业生在步入社会之前,最需要的是建立起坚定的信念、不屈不挠的毅力和坚忍的意志与品质等健康的心理素质。

要有所作为,就要学会在变化中找到自己的位置。工作生活中各种变化会随时发生,处在其中,会使人感到紧张不安,但我们可以预先做好准备,坦然以对。如今竞争无时不在,找工作时有竞争,找好工作后,在工作中还是有竞争,假如你不努力,不利用空余时间继续充电,继续提高业务能力和其他方面的能力,你的位置很有可能被人取代。所以要想成功,就必须不断制定目标,做好职业生涯规划,不断提升自我。只有这样,才能得到长足的进步。

四、职业人的必备职业素质

什么叫素质?《辞海》中解释:"素就是本色,质就是本质。"一个人的素质好就是一个人的内在很好。现在教育应重在素质教育。其实我们全体国民都存在着素质教育问题。

"入世"以后一个人，一个企业，一个城市要想得到发展，提高素质水平就成了重中之重的大事。联合国对素质问题也很关注，过去对文盲的定义是不能识文断字者，现在对文盲的定义是：一是不能识文断字者。二是不能识别现代社会符号者。例如，"去机场不知从哪儿登机，去银行取不出钱来"。三是不能运用计算机交流、学习、管理的人。这些都是素质教育的基本要求。

（一）职业素质的含义

职业素质，简单来说，就是指一个人在职业活动中所体现的职业技能、职业道德、职业精神等。对任何企业和个人来说，职业素质的意义都十分重要。一个人，要是缺乏良好的职业素质，那么他就不可能取得什么突出的工作业绩；而一个企业，要是没有一支职业素质过硬的员工队伍，就不可能在激烈的市场竞争中占有一席之地，一个国家，要是全体国民的职业素质跟不上世界平均水平，那么这个国家的经济就会停滞不前，处处被动。因此，刚刚进入职场的大学毕业生，必须培养良好的职业素质，才能尽快转换成为一个受企业欢迎的职业人。

（二）职业意识

1. 职业意识的根本是敬业精神

宋朝朱熹说，"敬业"就是"专心致志以事其业"。即用一种恭敬严肃的态度对待自己的工作，认真负责，一心一意，任劳任怨，精益求精。敬业是心甘情愿地做出必要的自我牺牲。敬业精神是个体以明确的目标选择、朴素的价值观、忘我投入的志趣、认真负责的态度从事自己的主导活动时表现出的个人品质。敬业精神是做好本职工作的重要前提和可靠保障。

2. 职业意识可分为五个意识

（1）诚信意识

古人曰："人无信不立，人而无信，不知其向。"市场经济是信用经济，一个企业、一个职业人的市场信誉是可以用价值（金钱）来度量的。所谓名牌、品牌可以作为无形资产、产权交易就是这个道理。

（2）顾客意识

大家都明白一句话，顾客是上帝，心术不正者往往把上帝作为宰上一刀的对象。顾客是商品的接受者、选择者、购买的决定者，顾客是商家的衣食父母，对待顾客的态度，实质上就是对待自己"饭碗"的态度。市场的回报是公平又残酷的。

(3) 团队意识

团队与社会、整体是统一的，但有时又是矛盾的、对立的，所以要正确处理与社会、整体之间的关系，我们研究的是在遵守法律、法规，服从社会利益和整体利益的前提下应该具备的。

一个企业就是一个独立的社会经营团队，是由我们所有员工所组成的一个利益共同体，它既由我们大家来维护、创造，又给每个人带来了生活的经济利益与精神生活。维护团队的声誉和利益，不说诋毁团队的话，不做损害团队的事。保守团队的商业秘密，积极主动地做好团队中自己的工作，及时提出有利于企业发展的合理化建议。尊重和服从领导，关心与爱护同事，建立团队内部的协作，开展有效、健康的部门之间及同事之间的合作竞争，互为平台、互通商机、共同进步。

(4) 自律意识

分清职业与业余的不同，从而在扮演职业角色时，能够克制自己的偏好，克服自己的弱点，约束自己的行为。

(5) 学习意识

时代进步、社会发展突飞猛进，新的知识不断出现。只有具备良好的学习心态、意识，不断充电、吸氧、与时俱进才能保证自己跟上时代步伐，才有可能实现人生价值，职业生涯的成功。还要善于学习，提高学习的兴趣与学习的技巧能力、速度、效率、培养优秀的学习敏感性和直觉意识。在知识爆炸的当今社会，准确、及时、快速地吸取职业发展所需的知识，是每一位追求成功者的基本功。

学习有以下几种方法：一是注重职业知识的宽泛和专业性；二是随时积累有用的资料、工作日记、个人笔记；三是经常回顾总结自己某一项工作的结果，寻找其中最得意或最成功的规律和奥妙；四是注意观察和效仿同事、同行学习的方法；五是善于与人讨论甚至辩论工作中的问题、提纲要领；六是学而时习之、敏而好学、不耻下问等。

(三) 职业道德

职业道德是指从事一定职业的人，在工作和劳动过程中，所应遵循的与其职业活动紧密联系的道德原则和规范的总和。职业道德是整个社会道德体系中的重要组成部分，是社会主义道德准则在职业生活中的具体体现。

随着人类社会的进步与发展，社会分工越来越细，各种职业日益繁多，人与人的职业关系也越来越密切，同时也产生了不同行业的职业道德规范，调节着人们的利益关系。为什么各行各业都必须有自己的职业道德规范呢？这是因为各行各业的职业活动都有自己的客观规律，为维护不同行业的正常运行，维护行业的生存和发展，就必须有体现不同行业内的职业道德规范。如教师的"为人师表"，医生的"救死扶伤"，公务员的"公正廉洁"，商人的"货真价实""公平交易"等职业道德。

（四）职业形象

大学毕业生带着各自的理想和抱负走上工作岗位时，成为职业人，在纷繁的社会，开始建功立业，走向成功。但要真正如愿以偿，却有很多需要注意的环节，特别要注意你的职业形象。

1. 职业形象的含义

职业形象是社会公众对职业人的感受和评价，职业人从事职业活动时的形象就是职业形象。一个职业人的职业形象是公众对他的着装、气质、言谈、举止、敬业精神、乐观自信等外在形象和内在涵养的综合印象。良好的职业形象不仅能够提升个人品牌价值，而且还能提高自己的职业自信心。

在人们心目中，特定的职业和岗位也已经被贴上了标签，就是特定的职业和岗位的从业人员应当是一个怎样的形象，大家已经有一个基本的共识。军人的职业，特种兵的岗位；教师的职业，幼儿园的岗位；会计职业，出纳的岗位；美术职业，平面设计岗位……所有的人都有一个形象的概念，并且十分相似。人们也经常反向思维，根据特定个人的形象，推测他的职业和岗位。

2. 职业形象的设计

正确的形象设计策略就是适应人们的通常认识。你如果选择美术职业，留一头披肩长发就很好，再随便一些，不要过分修边幅，或许人们就会认为你是一名高手；如果选择教师职业，即使是美术教师，以美术工作人员的形象出现就很不好，应当文雅、得体，得像一个人类灵魂工程师的样子；如果你希望在合资企业中谋得营销经理一职，应聘时穿的过于休闲就不合适；而如果你是一个网球教练，西装笔挺，会让人以为您名不副实。

即使是同样的职业，不同的岗位也有一定的形象差异。办公室的女性白领、女秘书的形象应当强调专业，不能太花哨，否则就会有不好的嫌疑；女性经理，则应当弱化女性特征，突出一定的权威。

个人的形象设计其实也很简单，首先是确定自己的基本风格。基本风格应当与职业、所在企业的文化与环境、目前的专业和职务、同事的情形等因素相吻合，尤其是职业和专业特征一定要准确。

3. 发型设计

根据职业确定一个基本的发型。要知道，对个人形象影响最大的因素就是发型，板寸发型和披肩发基本上代表了不同的风格。通常情况下，你应根据自身的特点确定一个发型，重点与个人五官相配合。如果你的职业和职务相对固定,建议你不要轻易改变基本的发型。

4. 服饰设计

服饰有多种风格,你应当局限在特定的风格中,是长期西装革履,还是休闲装,你应当明确。服饰的基本色调也很重要,一般情况下,中性色肯定没有错。你应当为自己的形象进行必要的投资,也就是准备几套"看家"的服装,耐穿、好看、搭配方便,没有明显的流行特征。在服饰上的投资,应当是你工作之后的第一项投资项目。

5. 电话的基本礼仪

随着科学技术的发展,电话的普及率越来越高,工作更离不开电话,每天要接、打大量的电话。看起来打电话很容易,对着话筒同对方交谈,觉得和当面交谈一样简单,其实不然,打电话的门道大有讲究,可以说是一门学问、一门艺术。

(1) 重要的"第一声"

当我们打电话给某单位,若一接通,就能听到对方亲切、优美的招呼声,心里一定会很愉快,使双方对话能顺利展开,对该单位有了较好的印象。在电话中只要稍微注意一下自己的行为就会给对方留下完全不同的印象。同样说:"你好,这里是××公司。"但声音清晰、悦耳、吐字清脆,给对方留下好的印象,对方对其所在单位也会有好印象。因此要记住,接电话时,应有"我代表单位形象"的意识。

(2) 要有喜悦的心情

打电话时我们要保持良好的心情,这样即使对方看不见你,但是从欢快的语调中也会被你感染,给对方留下极佳的印象,由于面部表情会影响声音的变化,所以即使在电话中,也要抱着"对方看着我"的心态去应对。

(3) 清晰明朗的声音

打电话过程中绝对不能喝茶、吃零食,即使是懒散的姿势对方也能够"听"得出来。如果你打电话的时候,弯着腰躺在椅子上,对方听你的声音就是懒散的、无精打采的,若坐姿端正,所发出的声音也会亲切悦耳,充满活力。因此打电话时,即使看不见对方,也要当作对方就在眼前,尽可能注意自己的姿势。

(4) 迅速准确的接听

现代工作人员业务繁忙,桌上往往会有两三部电话,听到电话铃声,应准确迅速地拿起听筒,最好在三声之内接听。电话铃声响一声大约3秒钟,若长时间无人接电话,或让对方久等是很不礼貌的,对方在等待时心里会十分急躁,你的单位会给他留下不好的印象。即便电话离自己很远,听到电话铃声后,附近没有其他人,我们应该用最快的速度拿起听筒,这样的态度是每个人都应该拥有的,这样的习惯是每个办公室工作人员都应该养成的。如果电话铃响了五声才拿起话筒，应该先向对方道歉，若电话响了许久，接起电话只是"喂"了一声，对方会十分不满，会给对方留下恶劣的印象。

（5）认真清楚的记录

随时牢记"5W1H"技巧，所谓"5W1H"，即 When 为何时、Who 为何人、Where 为何地、What 为何事、Why 为为什么、How 为如何进行。在工作中这些资料都是十分重要的。对打电话，接电话具有相同的重要性。电话记录既要简洁又要完备，有赖于"5W1H"技巧。

（6）了解来电话的目的

上班时间打来的电话几乎都与工作有关，公司的每个电话都十分重要，不可敷衍，即使对方要找的人不在，切忌只说"不在"就把电话挂了。接电话时也要尽可能问清事由，避免误事。我们首先应了解对方来电的目的，如自己无法处理，也应认真记录下来，委婉地探求对方来电目的，就可不误事而且能赢得对方的好感。

（7）挂电话前的礼貌

要结束电话交谈时，一般应当由打电话的一方提出，然后彼此客气地道别，说一声"再见"，再挂电话，不可只管自己讲完就挂断电话。

（8）使工作顺利的电话术

①迟到、请假由自己打电话。②外出办事，随时与单位联系。③外出办事应告知去处及电话。④延误拜访时间应事先与对方联络。⑤用传真机传送文件后，以电话联络。⑥同事家中电话不要轻易告诉别人。⑦借用别家单位电话应注意，通话时长一般不要超过十分钟。遇特殊情况，非得长时间接打电话时，应先征求对方的同意和谅解。

（五）职业化人才必备的素质

已经进入职场的大学毕业生，尽快转换成职业化人才是当务之急。大学毕业生的职业化程度的高低决定了他未来的发展，是否具备职业化的意识和职业化的技能、知识，直接决定了发展的潜力和成功的可能。

大学毕业生走上工作岗位，要成为一个现代化的人才，必须紧跟时代步伐，用最新的理念和技能武装自己，以在激烈的人才竞争中获得一席之地，并能很快地脱颖而出，获得更多的发展机会和更大的发展前途。

第四章 职业能力培养与就业指导

第一节 职业能力与就业素质

一、培养职业能力

（一）大学毕业生所需要的职业能力

现代社会中，社会上各类职业岗位，对从事本行业岗位的工作人员，除对其有一定的知识结构要求外，还要求有从事本行业岗位的某些专业能力，同时还须具备一些共同的基本能力。

1. **自我决策能力**

决策是人类社会活动的一个重要环节，涉及社会中的所有人，决策涉及各个领域，大到国家的政治、经济、军事、文化等，小到家庭、个人的打算。从日常生活到改造自然、改造社会都与决策有关。所谓决策能力，就是对未来实现目标的决断和选择的能力。良好的决策能力可以对实现目标和手段做出最佳选择，人们的决策过程，是一种思维过程，其中心环节是选择，要对各种方案做出优劣判断，进行取舍。对于即将毕业的大学生来说，选择何种职业走向社会，是人生的一个转折点，面临求职就业，何去何从，是对自己决策能力的一个检验。因此，平时训练和培养自己的决策能力是十分重要的，培养决策能力要从小事做起，要养成多谋善断的习惯，这样才能不断地提高自己的决策能力。

2. **环境适应能力**

适应社会和改造社会是对立统一的两个方面。现实生活常常不尽如人意，五彩纷呈的现实生活使即将步入社会的大学毕业生眼花缭乱，很不适应。人类文明总是在继承与创新的矛盾运动中发展的。适应社会，正是为了担当社会赋予我们的职责和使命的前提。适者生存，生存正是为了发展。对社会、对环境的适应，是主动的积极的适应，不是消极的等待和对困难的反应，更不是对消极现象的认同，大学生只有具备较强的社会适应能力，走向社会后才能够尽可能地缩短自己的适应期，充分地发挥自己的聪明才智。

3. 创新创造能力

创新创造能力是指人们在改造自然和改造社会的活动中所具有的发现、发明、创造的能力。能力人人皆有，只是水平高低、作用大小不同而已。只有那些思维敏捷有创新精神，能在自然和社会发展过程中、面对难题或新问题能充分地发挥其自己的才能，创造性地去解决问题的人，才称得上创造性人才。

培养创新创造能力必须做到：一是要有近期和远期的职业规划和奋斗目标，有理想、有抱负，有强烈的创造欲望，有胜不骄败不馁的韧劲；二是要有敏锐的观察力和准确的判断力；三是要有批判糟粕、传承精华、开创新事物的开拓精神。任何发明创造都是继承和创新相结合的产物，人们要有效地创新，就要继承和汲取前人的经验和教训，继承性和思维独立性的统一，是创造能力必备的思维方法；四是要有坚定的意志和顽强的毅力，以及吃苦耐劳的精神。

4. 人际交往能力

所谓人际交往能力，就是人通过语言和非语言符号与他人传递思想和情感与信息的能力。在现代社会，培养良好的社交能力是一个人事业成功的重要条件。古人曾把个人与众人的关系比作"船和水"，这个比喻是恰当的，不论在何种社会里，你能力强，就得人心。在社会上从事各项工作都要有一定的交际能力，许多事业成功者都是借助于良好的人际关系，促使自己的事业成功的。通过交往，可以使自己的设想和创造得到实践的检验和认可。积极参加社会活动，是提高交际能力的基本途径。

5. 实际操作能力

实际操作能力，是专业工作者必须具备的一种社会实践能力。在一切社会活动中，尤其是教学、科研和生产第一线，没有熟练的实际操作能力，都是很难胜任的。

操作能力包括四个方面：一是迅速性，这是提高效率的重要条件；二是准确性；三是协调性；四是灵活性。大学生为了提高自己的操作能力，应该多看、多练，看得多、接触得多，才有可能提高自己动手操作的技巧和能力。

6. 组织管理能力

组织管理能力是指能成功地运用管理者的知识和能力影响机构的活动，并达到最佳的工作目标。组织管理水平的高低，已经成为一项工作、一个部门、一个单位工作好坏的重要因素。尽管不是每个大学毕业生走上社会后，一定都从事组织管理工作，但是每个人将会在工作中程度不同地需要运用组织管理能力。现代社会表明，组织管理能力不仅领导干部、管理人员要有，其他专业技术人员也应当具备。现代科学技术已经综合化、社会化，科研规模日益扩大，协作趋势日益加强，这就有一个组织协调问题。同时，现代社会的科学技术高度发展，每一项工作完全依靠一个人去完成，是不可能的，都有一个相互协调、相互配合的问题。如果没有一定的组织协调能力，专业技术工作也是不能完成的。在校期间应多参加社团或社会活动，参与策划组织一些校园活动有助于提高个人的组织管理能力。

7. 语言表达能力

语言表达能力是指运用语言阐明自己的观点、意见或抒发感情的能力，主要包括口头表达能力和书面表达能力。一个人要想让别人了解你、重视你，更好地发挥你自己的才能，其前提就是要有表现自己的能力。要准确地展现自己，就离不开出色的表达能力。不是在参加工作走向社会后才会立即强烈地意识到这一点，而是在求职就业的时候就会有深切的感受。比如撰写求职信、自荐信、个人材料，回答招聘人员提问，接受用人单位的面试等，每一个环节都需要较强的表达能力。锻炼语言表达能力，重在平时的努力，多参加一些社交活动，多读书，养成写日记的习惯等都有益于提高自身的表达能力。

（二）职业能力的培养和锻炼

大学是职业能力培养的关键时期，而工作后则是对职业能力的逐步完善和补充。在校期间，大学生应及时把握机会，在以下几方面做出努力。

1. 努力学好理论知识

理论是指导实践的指针，是完成实践活动的基础，不掌握一定的理论知识，能力培养就无从谈起。大学生应根据自己专业的需要，加强理论知识积累，建立起适应工作需要的合理的知识结构。在积累知识的同时，还要注重灵活运用知识，提高自己分析问题、解决问题的能力。

2. 积极参加实践活动

一个人有了知识，会增添无穷的智慧，如果再具有很强的能力，便如同插上翅膀，可以在天空翱翔。大学生在掌握基础理论的同时，不能忽视自己能力的培养，只有把理论和实践结合起来，把知识和能力结合起来，才能有所成就。大学生在校期间的实践锻炼应从以下四个方面做起。

（1）积极参与各项社会活动

有计划、有针对性地进行社会调查，广泛接触社会，从而增进对社会的了解，正确评价自我，摆正自己在社会活动中的位置，以此提高自己的社会活动能力和交往能力，提高自己分析问题和解决问题的能力。近年来，大学生积极参加社会实践、勤工助学等活动，在社会实践中学生们开展了形式多样的社会调查、科学研究、科技服务、生产劳动、支农支教、帮困助学、文艺下乡等智力性较强的活动,在广阔的社会舞台上锻炼了自我,受益匪浅。

(2) 抓住有限的实习时间,向有经验的人直接学习实践经验,提高实践能力

大学生在校学习期间,按教学计划安排,都有一定时间的生产实习和毕业实习。学生们一定要充分利用好这些机会,向有工作经验的人员学习,吸取他们多年的实践经验,来充实自己。特别是毕业前的实习阶段,是学生从校门走向社会,理论联系实际的第一步,是对社会、未来从事的职业一次直接接触,是大学教学活动的最后一个但又十分重要的环节,它是对学生智力和能力的一次总检验和总训练。重视这一环节,可以学到很多书本上学不到的知识,既能培养和锻炼自学能力、综合运用知识的能力和实际动手能力,又能使自己的创造性思维能力、工作学习的独立性和主动性得以提高,同时,通过实习,还可以增加对未来工作环境、工作性质、工作要求以及自己所学专业的应用范围的全面了解,从而发现自己的长处与不足,明确自己为适应未来工作学习和努力的方向。

(3) 积极参加课外科技文化活动

现在越来越多的高校开始重视学生的课外科技文化活动。比如有全国性的"挑战杯"全国大学生科技学术作品比赛、全国大学生数学建模大赛,各种计算机网络大赛、市场营销模拟大赛、金融投资模拟交易大赛、广告设计大赛等,不少品学兼优的大学生在参加活动的过程中,学到了知识,提高了能力,尤其提高了科研能力、动手能力和协作能力。实践证明,参加过课外科技文化活动的大学生走向工作岗位后,往往能很快适应环境,独当一面地开展工作,表现出较高的素质。所以,在校期间积极参加课外科技文化活动,是锻炼提高实践能力的重要途径。

3. *培养兴趣和爱好*

爱因斯坦说过,"兴趣是最好的老师",可见,兴趣和爱好是提高能力的内在动力。实践证明,当人们对某个问题感兴趣时,兴趣就会促使他经常和主动感知、思索这方面的事物或现象,并努力进行观察和研究,排除一切困难去积极从事这方面的活动。兴趣能够使人思想活跃、观察敏锐,注意力恒定持久,从而促进创造性思维。大学生要围绕自己所学专业发展自己的兴趣爱好,并以这种兴趣爱好为契机,加强相关知识的学习和积累,全面锻炼和发展各种实践能力。

二、提升职业素质

(一) 职业素质的内涵

职业素质是建立在职业理想与职业道德规范的基础上,根据劳动者的生理条件,通过

专业教育、职业实践及自我完善等途径形成和发展起来的，在职业活动中起着重要作用的内在基本品质。

劳动者的职业素质具有五个方面的特性，即专业性、稳定性、内在性、整体性和发展性。专业性是指劳动者一般都具有一定的专门的业务能力。稳定性是指职业素质一经形成，便会在劳动者的个性品质中稳定地表现出来。内在性是指一个人对所从事的职业要求和专业知识的内化，它一经形成就以潜能的形式存在，在职业活动中展现出来。整体性是指劳动者的知识、能力和其他个性品质在职业活动中的综合表现。发展性是指随着社会发展和科技进步，劳动者必须从时代发展的需要出发，不断地提升和完善自身的职业素质。

(二) 职业素质的构成

1. 思想道德素质

思想道德素质是指人在一定的社会环境和教育的影响下，通过个体自身的认识和社会实践，在政治倾向、理想信仰、思想观念、道德情操等方面养成的比较稳定的品质，它决定着人的行动目的和方向。人的思想道德素质主要是通过后天教育，通过知识的"内化"养成并不断提高的。坚定正确的政治方向在思想道德素质中是第一位的。正确的政治方向是将来从事多种职业，为国家和集体多做贡献的重要动力。职业道德是社会道德的有机组成部分，是社会道德原则和道德规范在职业生活中的具体表现。它包括职业态度、职业道德修养水平等。社会主义职业道德是每个劳动者在职业活动中必须遵循的行为规范，其核心是为人民服务。一个人只有具备一定的道德修养，才能在职业活动中刻苦钻研业务，提高技能，讲究信誉，忠实地履行岗位职责。

2. 科学文化素质

科学文化素质是指人们对自然、社会、思维、科学知识等人类文化成果的认识和掌握的程度。它包括科学精神、求知欲望和创新意识。科学文化素质是职业素质的基础。如果不掌握一定的科学文化知识和构建合理的专业知识结构，就不可能拥有过硬的职业素质。21世纪是一个信息技术、生物技术、新材料、新能源技术、空间技术和海洋开发技术发展的全新时代，这是迄今为止科技发展和社会发展史上规模最大、发展最快、影响最深的科技革命。由于时代的快速发展，知识更新加快，大学生工作后在学校所学的部分知识可能已不能适应社会和经济发展的需要。因此，大学生应在工作实践中不断学习先进的文化专业知识，拓宽知识面，提高自己的文化专业知识素养，以适应形势发展的需要。

3. 技术技能素质

技术技能素质是指任职者从事某种专门职业所必须具备的智力技能和操作技能。智力技能，是指借助于言语在头脑中进行的智力活动的方式，如阅读、心算、解题、作文等方面的技能。操作技能，又叫动作技能，指书写、打字、演奏乐器、使用生产工具等，当这些动作以完善合理的方式组织起来，并近于自动化时，就成为动作技能。动作技能与智力技能统一存在于人的实践活动中，二者既有区别，又有联系，并可相互转化。掌握技术技能，是就业的基本条件。掌握技术技能，也是开发智力，培养能力，在本职岗位上做出贡献的需要。专业技术技能的形成不仅是领会、巩固和应用知识的重要条件，而且对于学生智能的发展，特别是职业活动中所需的独立工作能力和创造力的发展，具有极大的促进作用。技术技能在一定程度上决定了就业者在本职岗位做出贡献的程度。因此，为使自己能在职业活动中为社会做出更大的贡献，就必须掌握一定的技术技能。

4. 身心素质

身心素质是身体素质与心理素质的合称。身体素质是指大学生应具备的健康的体格，全面发展的身体耐力与适应性，合理的卫生习惯与生活规律等。心理素质是指大学生应具备稳定向上的情感力量、坚强恒久的意志力量和鲜明独特的人格力量。身心素质是从事职业活动的重要条件，是成就事业的基础。身体素质是从事职业、成就事业的基本条件，健康的体魄和坚韧不拔的忍耐力为才能的充分发挥提供了动力。积极健康的情感使人思路开阔，思维敏捷，有利于大学生适应社会。

另外，意志是人类所特有的心理现象，坚强的意志有助于战胜挫折，是成就事业的柱石。大学生在校期间积极参加各项有益身心健康发展的体育锻炼和社会活动，有助于自己的身心素质的不断提高。

总之，在市场经济体制和高新技术飞速发展的新形势下，大学生不仅要学好基础知识，掌握特定的专业技能，还要有良好的思想品德素质、强壮的体魄和健康的心理，只有这样才有可能在竞争激烈的市场中脱颖而出，在未来的工作岗位上取得辉煌的成就。

（三）大学生职业素质的提升

1. 大学生品德修养的提升

职业的种类虽然很多，但是，就从事职业最基础素质而言，一个人的"品性"是进入职业界的前提。好的品性修养包括如下几点。

（1）忠实

忠实不仅是对别人交代的事情尽心尽力，而且对自己从事的工作要竭尽全力，不浮躁应付。忠于自己的事业是一种美德，本着忠实的态度应对工作和学习，很有可能取得成功。

（2）诚信

诚信是待人接物的要素，也是职业上不可缺少的品性。"诚信"二字所涵盖的内容，需要经过长时间的笃行才能实现。

（3）敬谨

"敬"是敬重所做的事。"敬"包含认真、精细、努力、忠实等意思，忠是敬的纲领，敬是忠的实施。"敬事"，才能有所作为。孔子说过"敬而信"，还说过"居处恭，执事敬，与人忠，虽之夷狄不可废也。""谨"，意指小心翼翼。人对于事业必须注重，对于所做的事也要谨小慎微，小心应对。

（4）勤劳

无论公事大小、事情简繁，做事要勤勤恳恳，踏踏实实，一丝不苟。能吃苦，善做事，不偷懒，不躲避，不推诿。

（5）谦卑

在与他人相处中，成功来自谦卑和悦。无论在社会生活中，还是在日常工作中，必须做到富贵不骄，贫寒不贱，用心做事，谦卑待人。

（6）和悦

要有良好的精神状态，精力充沛。在工作中，要始终有一种饱满的工作状态。对人对事，只有打消为难心态，方能应对自如。

（7）戒贪欲

古人云："利令智昏。"孔子说："见小利则大事不成。"初入职场的大学生，必须牢记"不义之财不可取"和"君子爱财，取之有道"的古训。

2. 大学生知识技能修养的提升

（1）课内外结合，博览群书

大学生的学习不仅限于课堂内所学，还要多方面学习，广泛涉猎，以便触类旁通。

（2）慎交友，交良友

大学时期，结交什么样的朋友非常重要。好的同学和朋友，可以改善个人的德行，增长知识和经验。孔子说："益者三友，损者三友，友直，友谅，友多闻，益矣；友便辟，友善柔，友便佞，损矣。"正直、机敏、乐业的朋友是一笔很可观的无形资产，会给予我们潜移默化的影响。

（3）抓住机会，强化实践

大学期间，虽然不会存在很复杂、影响力极强的大事，但是，多参与社团等活动，直接或间接地参与一些事情的组织工作，可以了解和掌握解决问题的方法，树立应对事情的态度，可以增长胆量、见识、经验、思考力、判断力，有效地提高个人办事能力。

"冰冻三尺，非一日之寒"，大学生知能的修养的提升，不可能一蹴而就，必须靠日常的勤学力行，向他人学，向书本学，向社会学，潜心修学，才能实现知能的丰裕，满足工作的需求。

3. 大学生身体修养的提升

身体状态是完成职业工作必需的载体。人们在谈及人的素质时，往往忽略了"身体"这一关键因素。青年大学生在身体的修养的提升方面要注意的问题很多，如生活习惯、生活节奏，包括清洁、饮食、服饰、起居、运动等。青年大学生，即便是满腹经纶、才华横溢，如果身体状况欠佳，也将只能是心有余而力不足。

4. 大学生职业修养的提升

（1）敬业

树立"职业神圣"观念。庄子说："用志不分，乃凝于神。"意思就是运用心志不分散，高度凝聚精神，将自己从事的职业加以研究，勤勉从事。

（2）乐业

只有乐业，人才能从职业工作中得到精神享受。孔子说："知之者不如好之者，好知者不如乐之者。"人生能从自己职业中领略出趣味，生活才有价值和意义。

（3）责任心

古人云："一息尚存，此志不容稍懈。""鞠躬尽瘁，死而后已。"无论什么职业，责任心、责任意识是做好工作的内在动力。

（4）进取心

有了职业，还必须有进取心，才能使事业发展起来。如果没有进取心，故步自封，工作上不想精益求精，事业就没有发展的希望。

（5）职业平等

"七十二行，各有差别"，不论从事什么行业，做哪方面的具体工作，都是社会成员的一分子，都是在用自己的聪明才智为他人服务，为社会服务。因此必须摒弃职业贵贱观念，树立"职业平等"的意识。

三、提高职业道德修养水平

（一）职业道德的基本特征

1. 职业道德的概念

所谓职业道德，就是同人们的职业活动紧密联系的，体现职业特征的道德活动现象、道德意识现象和道德规范现象，是社会道德在职业生活中的具体体现，是在职业生活中处理和协调人与人、个人与社会、人与自然的关系的道德准则。职业道德由三个部分组成，即职业道德活动、职业道德意识和职业道德规范。这三个方面既相互区别又相互联系，职业道德行为与活动是在一定职业道德意识指导下产生的，而职业道德意识的产生正是人们通过一定的职业道德活动而形成的，职业道德规范则是职业道德活动和职业道德意识的统一。

2. 职业道德的基本特征

（1）行业性

这是职业道德最显著的特征。职业道德是与人们的职业生活、职业活动联系在一起的，各种职业的从业内容和从业方式、从业要求不尽相同，它所规范的是每一种行业的从业人员的职业行为，不具有全社会普通适用性，只适用于本行业。例如商业职业道德强调公平交易、诚实守信，而医务人员职业道德强调救死扶伤、治病救人，这些都体现了行业特点。在某些情况下，一个行业适用的职业道德规范对其他行业的从业人员和本行业人员在职业活动之外的行为活动可能是不适应的。例如教师为了因材施教，对学生施行"成功教育法"，对某些后进学生强化他们的优点、弱化他们的缺点，适当降低要求，让这些学生获得成功感，激发他们的自信心，积极性，最后取得进步。这种做法是符合教师的职业道德的，但却不适用于其他行业的人，也不适用于教师在职业活动之外的行为活动。当然，各行各业也有共同的职业道德规范要求。

（2）多样性

既然职业道德是与具体职业相联系的，而社会上的职业又是丰富多样的，有一种职业就有一种职业道德。经商有"商德"，行医有"医德"，执教有"师德"，从艺有"艺德"，等等，同一行业的不同部门、不同岗位又有更具体的职业道德规范。

（3）明确性

各种职业道德规范是人们在长期职业活动中总结、概括、提炼出来的，一般采用一些简洁明了的形式，如公约、条例、守则、规程、须知等具体的规章制度，用来教育和规范本行业从业人员，并公布于众，接受社会监督检查。因此，它具有很强的针对性，要求非常明确，容易让从业人员理解和操作，保证了职业活动的顺利开展。

（4）群众性

职业道德既包括个人的职业道德，又包括群众的职业道德。群众的职业道德即行风，不仅对社会风气有很大影响，而且对该行业中每位职工的职业道德都产生很大的影响，因此我们要正确认识和处理好群体职业道德和个体职业道德的关系，前者是后者的体现，而后者是前者的基础，就像经线和纬线织成一匹布一样，相辅相成。每个从业者都要正确处理好个人与集体的关系，树立"一荣俱荣，一损俱损"的观念。

(5) 继承性

职业道德是在特定的职业实践中形成的，而人们的职业生活总是有连续性和继承性。每个时代的职业都是在继承前代的基础上发展起来的，所以每个时代的职业道德也具有明显的继承性，继承前代职业道德精华。例如，商业职业道德，从古代的买卖公平，童叟无欺，到现代的"顾客是上帝""诚信服务"；教师职业道德从《师说》中的"师者，所以传道、授业、解惑也"到今天的"教书育人，为人师表"，其中的精华是一脉相承的。

(6) 实践性

职业道德是在长期的职业活动中形成的，渗透在职业活动的方方面面。职业道德行为的养成，离不开职业实践，只有在实践中才能熟悉职业体验职业，明确社会对从业人员职业道德的要求，才能把内心形成的职业道德情感、意志和信念变为自己个人的职业道德行为。职业道德的体现和检验都离不开职业实践，只有在实践中才能不断调整和丰富职业道德的内容。

(二) 职业道德的主要内容

职业道德的内容是非常丰富的，主要包括职业理想、职业态度、职业义务、职业技能、职业纪律、职业良心、职业荣誉和职业作风等。

1. 职业理想

职业理想是指一定的职业道德原则和职业道德规范在一定的职业和从业者人格上的实现，是从业者对符合自己意愿的职业工作的种类以及所达到的成就的追求和向往。职业理想是人类特有的一种精神现象，是同职业奋斗目标联系的、有实现可能性的设想和构想，是人们的职业信念和追求。它包括三个基本要素：一是社会生活发展的现实可能性；二是人们的职业愿望和要求；三是人们对社会生活发展前景的形象化构想或设想。

职业理想是伴随人生观的确立而逐渐形成的，一般来说，个人对职业的要求可以概括为三要素，即维持生活、发展人性和承担社会义务。人的职业理想受诸多因素的影响，既包括时代、社会、家庭等外在条件，也包括个性、爱好、特长、能力等内在条件。职业理想是在客观决定和主观选择的辩证权衡中确定的，因此我们必须处理好"职业理想"与"理想职业"的关系。当个人的职业理想在"理想职业"中实现的时候，当然皆大欢喜，春风得意，能够有效地激发工作积极性和创造性。但是，当个人的"自我设计"在现实中不能如愿以偿时，就会出现一些思想波动，产生一些负面效应。比如一个喜欢富有挑战性工作的人却从事着相对稳定的文秘工作，一个想从事写作的人却成了市场营销人员，反差是很大的，如何对待这种情况，就是让理想与现实对接，让自己努力去适应目前的职业，转移兴趣，工作中逐渐体会成就感，大多数成功者都是经过了这样一个磨合的过程。所以，职业理想的确定既要考虑个人的发展，又要注重社会的需要。

2. 职业态度

职业态度是指从业者对所从事的职业的评价和表现出的行为倾向，是从业者对其他职业和广大社会成员履行职业义务的基础。职业态度的形成要受主观和客观两方面因素的影响，其中从业者的价值观念对职业态度产生特别的影响。既能满足个人的需要和爱好，又和个人的价值观念相符的职业，人们就会产生积极的态度，反之则产生消极的态度。在社会主义国家，从业者是国家的主人，每个从业者都要尽自己的努力对从事的职业培养积极的情感，以认真负责的态度去做好本职工作。社会主义职业道德态度最基本的要求是树立主人翁的劳动态度，能够在平凡的工作岗位上做出不平凡的贡献。

3. 职业义务

职业义务就是职业团体和从业者被赋予的职权、职责及对社会、对人民所承担的责任和义务要求。职业义务的特点是它的客观性及在一定程度上的强制性，即无论从业者是否能意识到，职业义务都是客观存在的，并要求从业者必须履行。例如，医务工作者的职业义务是救死扶伤，警务工作者的职业义务是维护社会秩序，教育工作者的职业义务是教书育人。社会的健康发展是建立在各种职业团体和从业者必须履行职业责任的基础上的，职业义务作为一种责任是"应该做的"，但只有变为从业者的内心要求时，才能自觉地得到履行，而这种内心要求就是职业道德义务，是在高度的道德觉悟和高尚的道德境界的驱动下形成的。

4. 职业技能

职业技能是指从业者完成本职工作，承担职业责任所必须具备的科学文化知识、专业技术能力。只有具备高超的职业技能，才能出色地履行职业责任，反之则会给国家和社会带来负面影响。从这个意义上来讲，职业技能便有了道德意义，技能称职便是德，良好的职业技能是广大从业者对社会应尽的职业道德义务。因此每个从业者都应该努力学习科学知识和职业技能，刻苦训练以提升专业技能。提升大学生职业技能还要大力加强科学技术的普及工作。科学技术是第一生产力，世界范围的新技术革命推动全球经济、社会发展、人们的生活方式发生了日新月异的变化，许多国家都把提升国民的科学文化素质看成是21世纪竞争成功的关键。中国的科学技术的普及工作做得还不够，当前和今后科普工作的重点是引导干部、群众掌握科学知识，应用科学方法学会科学思想，培养科学精神，始终高举科学旗帜，净化社会环境，战胜愚昧，搞好社会主义精神文明建设，为职业技能的提升奠定科学的基础。

5. 职业纪律

职业纪律是一种行为规范，它要求从业者在职业生活中遵守秩序、执行命令和履行责任，它是调整从业者与职业、与社会以及职业生活中局部与全局关系的重要方式。职业纪律要求从业者自觉服从服务单位的管理具体要求标准，遵守工作秩序，使职业活动正常进行，使社会机器正常运转。现代社会分工越来越细，职业要求的纪律也越来越严格和完善，每个从业者都必须严格遵守职业纪律，才能使个人事业健康发展，使国家、集体、个人利益得到充分保障。职业纪律是社会的法规性和道德性的统一，是从业者根本利益的保障。如果没有职业纪律，从业者的职业行为就会没有约束，我行我素，为所欲为。

6. 职业良心

职业良心是人们在履行职业义务过程中形成的道德责任感、向善的意念和自我评价能力，是一定道德观念、道德情感、道德意志和道德信念的统一。

职业良心在职业生活中有着重要的作用。首先，从业人员在做出行为选择之际会对自己的行为动机进行审查，符合道德要求的予以肯定，不符合道德要求的予以否定。其次，在职业行为进行过程中，职业良心能够起到监督的作用，对符合道德要求的情感、意志和信念予以坚持和激励，对不符合道德要求的予以克服，在职业行为整体发展过程中保持正直的人格。最后，在职业行为之后，职业良心能对自己行为的后果和影响作以评价，对符合道德的良好后果和影响，内心感到满足和欣慰；反之，则感到内疚和悔恨，努力去改正错误，挽回影响。职业良心不仅具有调整职业行为的作用，而且有着广泛的社会意义，可以监督并保证从业者及企单位事业有效地完成职业任务，同时也从根本上维护国家、集体和个人利益，对全社会的物质文明建设和精神文明建设具有良好的促进作用。

7. 职业荣誉

职业荣誉是对职业行为的社会价值所做的公认的客观评价和正确的主观认识，也就是对职业社会的赞扬和自尊自爱的自我意识。职业荣誉包括主客观两个方面，且这两方面互相联系和影响。从主观方面看，职业荣誉是自尊自爱的表现，要求从业者敬业爱岗，努力奉献，保持尊严、荣誉和人格；从客观上看，职业荣誉要求从业者刻苦掌握职业技能，严格遵守职业纪律，认真履行职业义务，这样才能赢得良好的职业荣誉。在社会主义条件下，个人荣誉和集体荣誉是一致的，从业人员在事业上的成就是同集体的支持和培养分不开的，所以我们既要充分发挥每个从业者的积极性、创造性，对个人荣誉予以肯定和鼓励，保护和尊重。同时又要倡导每个从业者热爱集体，珍惜集体荣誉，充分发挥自己的才能，为集体增光添彩，形成"我以企业为荣，企业以我为荣"的观念。

8. 职业作风

职业作风是指从业者在其职业活动中表现出来的，体现其职业特点的态度和风格，是社会对职业特定的共同要求。职业作风在内容上具有较强的稳定性和连续性，各行各业都有各自不同的职业作风。例如，营业员的工作作风应该是热情、周到、耐心；警察的职业作风应该是勇敢善战、雷厉风行；教师的职业作风则是和风细雨、诲人不倦。为了使从业人员养成良好的职业作风，各行业、各部门都根据自己的实际情况制定出了服务公约、员工守则等并向社会公开，接受监督。职业作风具有潜移默化的教育作用，在一个行业中可以互相教育，互相影响，互相监督，像一个大熔炉，能使新的从业者养成良好职业道德，能使老的从业者继续保持良好的职业道德。职业作风体现了职业道德要求的精髓，甚至从某种程度上说，职业作风就是职业道德。

(三) 职业道德的基本规范

1. 爱岗敬业

爱岗敬业是职业道德的基础和核心，是社会主义职业道德所倡导的首要规范，是对从业人员工作态度的一种普遍要求。爱岗和敬业，二者相互联系、相互促进。

爱岗是职业工作者做好本职工作的基础。爱岗就是热爱自己本职工作，是指从业人员能以正确的态度对待自己所从事的职业活动，对自己的工作认识明确、感情真挚，在实际工作过程中，能最大限度地发挥自己的聪明才智，表现出热情积极、勇于探索的创造精神。爱岗，是职业工作者做好本职工作诸多因素中必不可少的重要前提条件。

敬业是职业工作者做好本职工作的必要条件。敬业是指从业人员在特定的社会形态中，认真履行所从事的社会事务，尽职尽责、一丝不苟的行为，以及在职业生活中表现出来的兢兢业业、埋头苦干、任劳任怨的强烈事业心和忘我精神。敬业是职业工作者对社会和他人履行职业义务的道德责任的自觉行为和基本要求。

爱岗敬业是职业道德中最基本、最主要的道德规范。二者是互为前提、辩证统一的。没有从业人员对自己所从事的工作的热爱，就不可能自觉做到忠于职守。但是，只有对工作的热爱之情，没有勤奋踏实的忠于职守的实际工作行为，就不可能做出任何成绩来，热爱本职也就成为一句空话。作为职业工作者，必须把对本职工作的热爱之情体现在忘我的劳动创造及为取得劳动成果而进行的努力奋斗过程中，以对本职工作全身心的爱推动自己在职业活动中做出优异成绩。

2. 诚实守信

诚实守信是从业人员职业道德的基础。诚实，就是忠实于事物的本来面貌，不歪曲和篡改事实，不隐瞒自己的真实思想，不掩饰自己的真实感情，不说谎，不作假，不为不可告人的目的去欺骗他人。守信，就是讲信用，讲信誉，信守诺言，忠实于自己承担的义务，答应了别人的事一定要去做。其中"信"字也就是诚实无欺的意思。

讲信誉，重信用，忠诚地履行自己承担的义务，诚实守信是职业道德的根本，是从业人员不可缺少的道德品质。作为从业人员必须诚实劳动，遵守契约，言而有信。只有如此，才能在市场经济的大潮中立于不败之地。否则，就不可能生存和发展。只有诚实守信，才能办事公道。办事公道要求从业者遵守本职工作的行为准则，做到公正、公开、公平。不以权谋私，不以私害公，不出卖原则。而做到这些就必须诚实守信。否则，就会凡事采取表面应付的态度，能欺则欺，能骗则骗，根本就不可能真正做到办事公道。只有诚实守信，才能服务群众。服务群众要求从业者尊重群众，方便群众，全心全意地为群众服务，为群众办好事、办实事。要做到这些，没有诚实守信的品质是不行的。如果花言巧语，对群众说一套，干的是另一套；当面一套，背后又是另一套，就会失信于群众。只有诚实守信，才能奉献社会。奉献社会要求从业者全心全意地为人民服务，不图名、不图利，以为人民谋福利、为社会做贡献为快乐。而做到这些的关键，也是要有诚实守信的道德品质。否则，就会表面上说是为人民服务，实际上是"为人民币服务"；表面上说不图名不图利，实际上是沽名钓誉；表面上说是为人民谋福利、为社会做贡献，实际上是谋求一己私利。

诚实守信在职业道德行为中的首要表现就是诚实劳动。诚实劳动是从业人员获得报酬的先决条件。社会主义社会实行"各尽所能，按劳取酬"的消费资料分配制度。每一个从业人员，只要为社会多工作、多创造物质或精神财富，付出了卓有成效的劳动，社会所给予的回报也会越多，这就是"多劳多得"。倘若付出的有效劳动少，工作出力少，那么社会所给予的收入回报也就少，这就是"少劳少得"。如果是游手好闲、好吃懒做，没有有益的劳动付出，只想做"官"，不做事，在其位而不谋其政，那么社会就不会给他回报，这就是"不劳不得"。提倡诚实劳动这一职业道德，是与社会主义的"按劳分配"原则相一致的。诚实劳动还体现在商品交易、金融交易、产品服务等经济活动中。在这些经济活动中，职业道德要求严格履行经济合同，不做假账，不偷税漏税，不偷工减料，不以假充真，不以次充好。

3. 办事公道

办事公道是指从业人员在办事情、处理问题时，站在公正的立场上，对当事双方公平合理、不偏不倚，不论对谁都按同一标准办事。人们所说的秉公执法、公正无私、处于公心，一视同仁等所指的就是办事公道。

在日常生活中，办事公道是树立个人的威信和调动群众积极性的前提。在社会主义市场经济条件下，每一个市场主体不仅在法律上是平等的，而且在人的尊严与社会权益上都是平等的。人与人之间只有能力和社会分工不同，没有高低贵贱之分，大家应当相互尊重，平等互惠。对于从业人员来说，对待服务对象，不论职位高低，不论民族阶层，都要一视同仁，热情服务。相反，办事不公道，实际上是把那些应服务于全社会全人民的职业变成只服务于社会的某一部分人的职业，甚至变为牟取私利的工具，使这些职业的社会性质发生根本的改变。

4. 服务群众

服务群众就是为人民群众服务，它是每个职业劳动者职业道德的基本规范。服务群众揭示了职业与人民群众关系，指出了职业劳动者的主要服务对象是人民群众。服务群众的具体要求就是每个职业劳动者心里应当时时刻刻为群众着想，急群众之所急，忧群众之所忧，乐群众之所乐，就是要全心全意为人民群众服务。一个普通职业劳动者，作为群众的一员，既是他人服务的对象，又是为他人服务的主体。在社会主义社会，每个人都有权利享受他人的职业服务，每个人也承担着为他人做出职业服务的职责。

一切依靠人民群众，一切服务于人民群众，是我们党的一贯宗旨，是党的群众路线在社会主义职业道德中的具体体现。在现实生活中，在生产、科研、产品分配、交换、消费过程中，人们逐渐意识到，如果有谁不尽心尽力、尽职尽责地对待自己所从事的工作，不尽最大努力为社会、为他人服务，就不能很好地发挥本职业岗位所具有的社会功能，国家、集体以及个人的实际利益就会受到损害和损失。每个职业劳动者，在进行职业劳动时，应自觉地尽心尽力、尽职尽责地服务于群众，将它看作是社会有序化运转的良好社会条件，认真遵守服务群众的职业道德规范，做到心中有群众、真情待群众、尊重群众、方便群众、尽心尽责地为社会公众服务，为社会主义事业献计出力。

5. 奉献社会

奉献社会的实质就是全心全意为人民服务，为社会服务，为他人服务，一心为社会做贡献，丝毫不考虑个人恩怨与得失。一切从有益于他人，有益于社会公众，有益于民族与国家出发，只要对人民的利益有好处，就是再苦再累也心甘情愿，必要的时候甚至献出宝贵的生命。奉献社会是一种人生境界，它表现为助人、无私、奉献和牺牲精神，是一种融在一件一件具体的事情中的高尚人格。其突出特征包括：一是自觉自愿地为他人、为社会贡献力量，完全为了增进公共福利而积极劳动；二是有热心为社会服务的责任感，充分发挥主动性、创造性、竭尽全力；三是不计报酬，完全出于自觉精神和奉献意识。在社会主义道德建设中，我们要大力提倡和发扬奉献社会的职业道德。

爱岗敬业、诚实守信、办事公道、服务群众、奉献社会，这是社会主义职业道德的基本规范，奉献社会则是这五项要求的最高道德境界，也是做人的最高境界，是集体主义思想在人生观、价值观、伦理观上的升华，是一个超越市场经济，为整个社会生活服务的最高道德层面。一个能够奉献社会的人，同时也是一个高尚的人、有道德的人。

第二节 就业心理指导

一、大学生就业心理概述

(一) 大学生就业心理的含义

大学生就业心理指的是大学生在获得职业或就业过程中所产生的各种心理现象。大学生就业心理是以就业为中心，贯穿于整个大学的学习和生活之中，并受其他心理共同作用而形成的，包括三个方面，分别为就业心态、就业心理素质和就业心理倾向。

1. 就业心态

就业心态是指大学生在面对就业相关问题时所形成的具体的心理状态，如失落、焦虑、犹豫不决等。就业心态受个性、个人能力、择业观等因素影响，同时，就业环境与情景也会对就业心态起到一定的作用。当前大学生就业心态多种多样，无论哪些心理类型，总是"人往高处走"，只不过每个人心中"高"的标准不同，"走"的方式也不同。就业心态的各异，使得就业也变成一个心理充满矛盾的、复杂的过程。

2. 就业心理素质

就业心理素质是指大学生就业或就业准备中形成的具有一定稳定性的心理活动能力和水平，是大学生学习、社会实践、就业准备等活动的影响下形成的比较稳定的心理特点。就业心理素质是大学生应对就业挫折、顺利就业并实现职业适应的心理基础，是大学生就业能力的重要组成部分。

3. 就业心理倾向

就业心理倾向是指大学生就业中具有指向和推动作用的心理因素所表现出的心理动力性。就业心理倾向决定大学生对就业的认知、评价和心理态度，同时影响大学生的就业行为，主要包括就业动机、就业期望、就业兴趣和择业观等。

(二) 大学生就业心理的特点

1. 影响大学生就业心理的因素

(1) 客观因素

首先,大学生就业面临激烈的就业形势,很多大学生不能正确地认识自我,克服压力。多年来,中国大力推进就业制度改革,在改革的实践和探索中,取得了巨大成绩,就业工作水平得到了全面提高,但随着招生规模和毕业人数的增加,大学生就业又开始面临新的情况和新的挑战。在新的就业形势下,就业竞争激烈,大学生难免遇到曲折和艰辛,此时如果不能及时有效地调整心理状态,就会对就业产生很大的影响。

其次,毕业生政策有着严肃性和权威性,就业分配政策的执行也有严格的工作程序和规范的步骤,如果高校就业主管部门就业指导或政策宣传不到位,毕业生对政策缺乏了解,我行我素,就难免在就业过程中遇到困难和挫折。

最后,在毕业生就业过程中,不正之风还有一定的市场,往往出现好学生和差学生分配上的"错位"现象,使得相当一部分学生自信心动摇,导致价值观、择业观上出现了变化,进而不能正确地对待就业以及就业过程中的挫折。

(2) 主观因素

首先,一个人就业的成功,起决定作用的固然是自身的知识、能力、素质,但在就业过程中材料准备不充分、就业技能和技巧运用不得当也会遇到各种各样的状况。而如果自身知识储备量少,能力不突出,综合素质不高,造成自身条件的限制和需求之间发生冲突,就更容易出现这样那样的问题。

其次,不少大学生在就业问题上存在认识偏差,就业观念陈旧,就业期望值偏高,当理想与现实发生矛盾时,心里充满困惑,就会产生消极情绪。

最后,就业动机冲突也容易造成就业挫折。大学生就业时有时面临两个或两个以上的用人单位之间的选择,出现了难以取舍的冲突,即双趋冲突。"鱼与熊掌不可兼得",两个都是自己向往的单位,一时之间不知如何选择,造成困扰。而有时又面临两个不大满意的用人单位,自己又无法回避,出现"二者必居其一"的冲突,即双避冲突。不甘心却没有更好的办法,很容易产生心理问题。况且,大学生在就业中遇到的心理冲突不止如此,还有更复杂的趋避冲突,双趋避冲突,等等,这些都会对大学生的顺利就业造成巨大影响。

2. 当前大学生就业心理的特点

(1) 理性化

即将毕业的大学生文化素质较高,知识储备较大,逻辑思维能力较强,思维理性化色彩较浓，有一定的社会经验，所以大学生在应对就业过程中问题还是有一定的理性成分。

（2）多样性

大学生应对就业心理问题的方式往往不局限于某一种，而具有多样性特征，应对方式方法以自我控制、认知超脱、补偿、转移、潜抑、奋进等较为多见，这正是大学生特殊群体综合素质的体现。

（3）封闭化

大学生在应对就业问题时存在较为明显的封闭性，往往重于自身的力量而忽视社会的支持作用。

（三）大学生就业心理指导的基本方法

1. 正确认识自我

正确认识自我可谓大学生就业心理调适的第一步。古人云，人贵有自知之明，"贵"字表明一个人要有自知之明不是一件轻而易举的事。这不仅因为"当局者迷"，而且还因为人的确难以客观地观察和把握自己。衡量他人是比较容易的，但面对自己，会因为自尊心使然而忽略自身很多缺点。所以只有正确认识自我，客观评价自我，明确自身的优缺点，才能扬长避短，正确地待人处事，树立客观的就业目标。

（1）合理定位自我

合理定位自我主要是指大学生要全面评估自己的专业特点和能力特点。

①全面评估自己的专业特点

要评估专业一般可以从两个方面来进行：一是专业的性质；二是社会的需求。例如，如果你学的是中文专业，你的长处应该是运用汉语言文学遣词造句和写作，那么就比较适合做文秘、宣传、策划、编辑、语文教学工作；如果你学的是国际贸易专业，可能之前社会需求较大，但后阿里时代需求量一般，那么就要重新看待就业，适当降低自己的期望值，或者是根据自己的其他能力拓展就业空间。总之，要抓住专业的性质和社会需求这两个方面，对自己所学的专业进行正确的评估，从而摆正心态，寻找适合自己的职业。

②全面评估自己的能力特点

大学生全面评估自己的能力，可通过两种有效方法：一是进行心理学的能力测试；二是充分结合自我评价与他人评价。其中，第二种方法更为常见和有效。这种方法具体是指，先通过自我反省对自己进行客观的评价，并把自己的长处和短处列出来；然后请别人对自我评价和列出的结果进行评价，以得到核实或修正；最后确定自己的能力倾向。

自己的能力倾向是确定就业目标的一个重要依据。一般情况下，如果你具有较好的组织能力和交际能力，善于与人相处和沟通，那么你适合选择一些企事业单位的管理工作，就可以把就业方向确定在诸如公关、秘书、行政人员、人力资源管理者等职位上；如果你具有较好的逻辑思维能力和创新能力，专业基础又扎实，那么可以选择科学研究，研究新课题，开发新产品；如果你具有较好的语言能力，性格活泼外向，外语水平高，那么可以选择翻译或从事旅游业工作等。总之，要对自己的能力进行充分评估，明确自己所适合的行业。

(2) 充分了解自己的个性特点

个性就是一个人总体的心理面貌。它主要由个体的气质、性格、能力、兴趣、自我意识等构成。要避免出现就业心理问题，就需要对自己的个性特点有充分的了解，从而针对自己的个性特点选择职业。通常，一个人的气质、性格和兴趣不同，所适合的职业也不同。因此，大学生一定要对自己的气质特点、性格特点和兴趣特点有充分的了解。

当然，兴趣也是可以培养起来的。大学生完全可以先选择一个职业，然后通过职业活动发现自己工作的意义、价值和某些吸引人之处，使自己对所从事的工作产生兴趣。

2. 正确运用心理调适方法

(1) 自我激励法

大学生在就业过程中需要进行面试，而面试往往容易使其出现胆怯、信心不足等现象。遇到这种现象时，大学生可以通过自我激励法进行调节。自我激励法主要有以下两种。

第一，积极的自我暗示。这主要是指运用内部语言或书面语言来调节自己的情绪，增强自己的自信心，如在心里默念"我能行""我会发挥得很好""我一定能成功"等语句，或写在纸上，或找个视野开阔的地方大声喊出来。

第二，大胆实践。这主要是指大学生可以通过主动出击，做一些自己本不敢做的行动来激励自己，如要求自己主动与用人单位的代表打招呼、握手问好，把心里的想法响亮地说出来等。

(2) 自我安慰法

大学生在就业过程中遇到困难和挫折时，首先应当想办法努力解决困难，改变状况，但是如果仍旧无法改变现状，就可以通过自我安慰法来缓解内心的矛盾冲突，消除一系列的不良情绪。具体来说，可以说服自己适当地做出让步，将不成功归因于客观条件和客观现实，同时要勇敢地接受现实；也可以用"失败乃成功之母"这样的句子来安慰自己。

(3) 注意力转移法

注意力转移法，是指把注意力从消极的情绪转移到积极的情绪上。一般情况下，大学生都能够对自己的不良情绪进行有效的控制。然而，在就业的过程中，很容易滋生一种难以控制的不良情绪。这个时候，大学生就应该采取注意力转移法，把自己的情感和精力转移到其他活动中去。例如，可以参加一些自己感兴趣的活动，可以学习一些新的知识和技能，使自己没有时间和可能长期沉浸在不良情绪中，以求心理平衡，保护自己。

（4）松弛练习法

松弛练习法，是指一种通过联系学会在心理和躯体放松的方法。大学生在就业面试时遇到紧张、恐惧、焦虑、失眠等状况，可以通过松弛练习进行消除。常见的松弛练习法有肌肉松弛练习和意念松弛练习两种。

第一，肌肉松弛练习。肌肉松弛练习的具体方法是：先紧张某些肌肉群，然后放松。

例如，用力握紧拳头，坚持10秒左右，然后彻底放松双手，体验放松的感觉；将脚尖使劲向上翘，脚跟向下向后紧压地面，绷紧小腿肌肉，坚持10秒钟，然后彻底放松，体会小腿放松的感觉。

第二，意念松弛练习。意念松弛练习的具体方法是：先稳定情绪，静下心来，闭上眼睛，排除杂念，把注意力集中到腹部，用腹式呼吸法慢慢呼吸。腹式呼吸法是一种非常安全而有效的呼吸方法。吸气时，感觉气沉在肺底，并一直把空气吸向腹部，感觉横膈下沉，并带动腹内的各种脏器一起下沉。肋骨向外和向上扩张。呼气时，横膈渐渐复位，小腹回落，要想象这股气从头顶向后顺着脖子、脊柱直回腹部。一般反复几次就能消除紧张状态。

（5）合理宣泄法

大学生在就业过程中遇到失败和挫折，处于焦虑、抑郁等消极状态时，可以进行合理宣泄。合理宣泄的方法有很多，常见的有三种。

第一，哭泣。可以找个适当的场合大哭一场，使紧张的情绪得以缓解和消除。

第二，倾诉。可以向朋友、同学、家人、老师倾诉心中的烦恼和忧虑，也可以用写日记的办法倾诉不快。

第三，剧烈运动。可以进行打球、爬山、长跑等运动项目。

当然，宣泄情绪要注意场合、身份、气氛；宣泄要适度，不能伤害他人或破坏他人或集体的财物。

（6）理性情绪法

"任何人都不可避免地具有或多或少的不合理的思维，但经常用不合理的思维去面对问题、去行动，就会使这些不合理的思维转化为内化语言，会造成无法排解的情绪困扰。"因此，我们需要接受自己的情绪，并用理性的思维去消除不良的情绪。这种认识实际上来源于美国临床心理学家艾里斯提出的"合理情绪疗法"。他认为，情绪困扰经常是由个体对事件的非理性解释和评价导致的，如果改变个体的非理性想法，使其重新认识和评价诱发事件，领悟到理性观念，就能使情绪困扰得以消除。

大学生在就业过程中，一遇到挫折和失败，就会出现各种不良情绪，主要是因为其总是认为就业不会很难，这种想法对其摆脱不良情绪极为不利。因此，要学会利用理性情绪法，通过纠正不合理的想法来排除不良情绪的干扰，做情绪的主人。

3. 积极寻求必要的社会辅助

当大学生靠自己一个人的力量不能独立应对就业过程中所遭遇的心理困境时，应当寻求社会辅助。

（1）向就业主管部门咨询

当前阶段，中国高校大学生的就业不再是过去的"统包统分"，而是大学生与用人单位的双向选择，主管部门与学校上下结合来制订就业计划。因此，大学生在就业时，可先认真阅读相关就业文件，了解就业政策，并及时向学校负责就业的部门和老师咨询，以便帮助自己顺利找到工作。不了解就业政策，盲目地去寻找就业单位，就很容易受到挫败，打击自己的自信心，从而出现诸多心理问题。

（2）寻求家人朋友的帮助

大学生可以将自己的基本情况和愿望告诉亲戚、朋友、同学和熟人，请他们留意有关就业的信息并帮助推荐，形成一个广阔的信息网，从而让自己尽早了解社会需求和用人单位的情况，选择较好的职业。当找到满意的工作，那些就业心理问题自然就会得到解决。

（3）寻求心理咨询机构的帮助

当前，很多高校都已经建立了心理咨询机构，社会上的心理辅导机构也纷纷建立起来。因此，当大学生在就业过程中，因就业挫折而产生焦虑、烦恼、抑郁等不良情绪时，可寻求心理咨询与辅导机构的帮助。通常情况下，心理辅导老师或者心理医生能帮助大学生迅速有效地消除就业挫折带来的不良情绪，帮助大学生更加客观正确地认识自我，同时，还能够使大学生通过心理训练，提高就业面试的技巧。

二、常见就业心理指导方案

（一）就业心理障碍的预防和调适

1. 焦虑和恐惧心理的预防与心理调适

（1）扎实学好文化知识，充分做好考试与就业准备

很多人产生焦虑和恐惧心理，在于没有学好相关文化知识，面对考试无所适从或者在就业双向选择中没有专业知识方面的优势，因此，从一开始踏踏实实学习，打好知识基

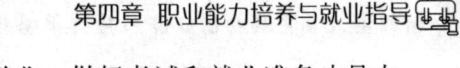

础，以考试和就业作为压力，并以此督促自己努力搞好学业，做好考试和就业准备才是大学生预防焦虑和恐惧心理的有效方法。

（2）培养自信心，坦然面对，不逃避

大学生应该多做一些力所能及的事，体验完成后的成就感，一点一滴地树立和培养自己的自信心。遇到困难时应该迎难而上，坚决不逃避，否则，次数多了就会丧失自信心，严重时就会形成恐惧心理。

（3）正视焦虑与恐惧心理，通过心理暗示调适和消除

每个人心理素质不同，对待心理问题的态度和解决方法不同，心理暗示作为心理调适方法之一，可有效地消除心理问题。

当产生焦虑和恐惧心理时，应正确面对，首先可以深呼吸几次，舒缓压力；其次通过回想自己所做过的最有成就的事，来强化自信心；最后进行心理暗示，"我可以""我不怕""我是最棒的"这些话语可以做成纸片粘贴在自己能轻易看到的地方，一定时间后，可有效地缓解焦虑与恐惧心理甚至彻底消除。

2. *自卑和自负心理的调整和调适*

（1）合理定位评价自我，确定合理期望

自卑心理形成的原因很多，比如家境、长相、考试成绩不理想等，消除自卑心理在于分析自我，搞清楚自卑的原因，重新评价和定位自我，确定可达到或可实现的期望与目标。同理，给自己设定一些挑战性的目标，拉高期望值，可有效调整自负心理，同时，在调整过程中可以一定程度地提高自身的相关能力。

（2）不攀比，不歧视

平等对待周围的人或事，当自己不如人时，不攀比，努力提高自己；当自己比别人优越时，不歧视，应将目光放长远，提升自己的格局。

（3）脚踏实地，不好高骛远、眼高手低

对于自卑的人来说，不知道自己原来这么厉害，脚踏实地做一些事情，通过成就感来强化自信，摆脱自卑心理。而对于自负的人来说，不知道自己原来也没想象的那么厉害，因此不要好高骛远、眼高手低，踏踏实实做事，检验自己真实能力，真正做到我是"我"。

（4）有效的心理暗示

有效的心理暗示可以调整自卑或者自负心理，参考如前所述方法，写一些相对应的话语，不断提醒和暗示自己，调适心理问题。

3. *克服怯懦心理的调整*

怯懦心理的形成一般是由于视野、见识、知识不够、能力欠缺（一般是木讷，不善表

达）或者因为一些事情受过刺激等原因，克服怯懦心理，应从以下几点着手。

（1）多参加社团、社交活动

有怯懦心理的大学生平时可积极参加集体和社团活动，尝试主动交朋友，培养自己的语言表达能力。

（2）多读书、多看报，拓展和丰富自己的视野

所谓"见多识广，才能见怪不怪"，就是要多看、多长见识，才不会怯懦、胆小，因此可根据自己的情况多读书、看报，或者可以多出去旅行，拓展和丰富自己的视野。

（3）不逃避，正确对待，勇敢面对

所谓"一朝被蛇咬十年怕井绳"，有些人因为受过一些过激的刺激，留下了心理阴影，会形成怯懦心理，不要逃避，勇敢面对，必要时可求助于朋友或老师。

（4）心理强化

怯懦心理可以通过心理强化来调适，越是害怕的事物越要告诉自己不害怕，同时可以通过一些实际行动来强化。

4. 消极等待心理的调适和消除

（1）善于计划，并付诸实施

一个合理的计划，应该考虑自身的条件和心理状况，并督促自己付诸实施，必要时可以设置奖励，可有效避免和消除消极等待心理。

（2）做相应训练，学会自动自发

可以主动给自己布置一些简单的任务，力所能及为宜，享受完成后的成就感，逐渐培养自动自发的行为习惯。

（3）脚踏实地，不奢望、不幻想

有些大学生追求过高的目标或有对自己过高的期望值，一旦实现不了就会出现消极等待心理，应给自己设定符合自己期望的目标，脚踏实地，认认真真去完成。

5. 固执狭隘心理的调整

（1）理性看待问题，学会变通

对于很多人，认死理、固执都是因为过于太感性化，应辩证看待问题，一分为二地分析，学会理性的思维方式，"树挪死，人挪活"，一条道走不通可以换个方向，需要通过日常对待具体问题时慢慢培养变通性。

（2）开阔眼界、拓宽视野

狭隘的症结在于见识过少，对于事物没有宏观全面的认识，因此，需要开阔自己眼界，拓宽视野，平时多看书，多看看电影也好。

（3）培养自己多元化的能力

对于就业的固执狭隘心理，主要因为自己所学过专，能追求的目标过于单调。在大学学习过程中，应注重专业知识与非智力能力并重，如多参加社团活动培养自己组织管理能力，多写写画画，培养自己的特长，等等。

6. 怀才不遇心理的避免和调适

（1）调整期望值，消除自负心理

很多人出现怀才不遇的心理就是因为太过于自负，不能正视自己的能力，眼高手低，很容易处处碰壁。调整自己的期望值，有效地消除自负心理，可避免出现怀才不遇的心理障碍。

（2）提高自己的能力

李白说"天生我材必有用"，应明白当时李白作《将进酒》的背景，是被排挤出长安，失意时所作，可以认为是李白给自己进行心理调适，是真正有用无处、无法展示。而我们大学生就业遭遇挫折时，也用这句话来给自己打气，不同的是，是企业没发现你的才能或者不需要此类人才。求职失败，应该问问自己"企业需要什么样的人才""我是否在面试的时候充分展示出了自己的能力"，进而有针对性地分析自己的问题，调整状态，寻找适合自己的招聘企业。

(二) 就业心理矛盾的避免和解决

1. 多重选择矛盾的避免和解决方法

（1）正视自我，合理定位

大学生在就业准备时，应着重分析自身能力、优缺点、特长与不足，以便对自己有正确的认识，自己能干什么，适合干什么，擅长干什么，以此为基础确定自己的就业目标，理性而客观。

（2）强化就业目标，明确选择标准

确定就业目标以后，应该尝试强化目标。自己最看重什么，最想要什么，都要有一个清楚的认识，从而量化选择标准。

（3）学会取舍

在就业过程中，机会很多，但不一定都完美，因此，鱼与熊掌不可兼得，要学会取舍，对于大学生而言，在众多条件中，良好的成长空间、较多的成长机会是优先应当考虑的。

2. 理想与现实矛盾的避免和解决方法

（1）重视积累，提高能力

所谓"养兵千日，用兵一时"，就业就像打仗，要想胜利，平时"养兵"即学习尤其重要。理想与现实的矛盾很多来源于职能不匹配，学习不好，能力不佳，面对好的就业机会很眼红，但人家不要。因此，在一开始，就要为了就业的目标，重视学习，重视积累，努力提高自身各方面能力。

(2) 知己知彼，调整就业期望

在就业过程中，可以多比较几家招聘单位，了解他们的用人要求，对比自己的能力和素质，能匹配最好，不匹配就要调整自己的期望，重新确定目标。当然，广撒网也不是不可以，但从自身职业生涯的角度来看，适合自己的才利于自身的发展。

3. 渴望竞争与害怕竞争矛盾的解决方法

(1) 正视竞争

在四十多年的改革开放历程当中，中国高等教育蓬勃发展，已经处于大众化教育阶段，在这样的背景下，竞争是不可避免的。择优录用是每个企业对于人事问题的处理原则，想要获得理想的工作，就要去拼，去竞争，才可能有机会。

(2) 勇于竞争

竞争是一种积极的态度和生存方式，也是当前社会的常态，存在于多个层面，很多机会、名额都需要靠竞争获取。勇于竞争，就是为了有更好的发展条件、发展机会，是对自己负责，是对自己几年学习成果的展示和检验。

(3) 合理竞争

竞争没有对错，是一种必然，合理的竞争也是社会和学校所鼓励的。通过向企业展示自己的优势、特长获得就业机会，就是合理的竞争。反之，通过一些不正当手段甚至非法手段排挤、诋毁他人就不合理甚至不合法，是要被处罚或者制裁的。

4. 就业与深造矛盾的解决方法

(1) 规划自身职业生涯

通过规划职业生涯，可以明确自己在特定时间做特定的事，可有效地避免选择时的矛盾。毕业后深造还是直接就业，应根据自己的实际情况早早做出规划。

(2) 明确需要，做出选择

大学生临毕业就面临就业和深造的选择，大部分人会直接就业，而少部分选择深造，这些选择大都基于自身需要。当前就业压力较大，从市场反馈回来的信息表明，高学历普遍待遇高一些，对于一些没有经济压力，对自己目标期望值较高的学生可以选择继续深造，起点高一些，也是利于自身发展的。而对于大部分人来说，大学阶段学习的知识已经够用，更愿意在大浪淘沙的职场竞争中磨炼自己，可以直接就业。

5. 成才立业与贪图享受矛盾的解决方法

（1）克制欲望，提高自己

职场上流行一句话"工作的快乐不在于工作本身，而在于工作获得的回报可以使自己快乐"，很有道理，工作可以改善生存环境，提高生活品质，也是工作的最本质意义。对于大学生而言，获得一份好的工作，意味着可以有更高的生活品质，经过层层筛选，大浪淘沙，真正有能力的人总会脱颖而出，因此，大学生应该把更多的时间和精力放在学习知识和各方面技能上，克制一时的欲望，提高自己综合素质，将会获得更好的机会和更高的生活品质。

（2）响应国家政策，乐于支援西部，从基层做起

真正紧跟国家政策的人大部分都发展很好，积极响应国家政策，把政策用活、用够，紧跟国家发展大趋势，有利于自己的成长和成功。不怕苦，不怕累，从基层做起，是大部分人都要经历的过程，不抵触、不逃避，磨炼和提升自己，也是有利于今后发展的。

（三）就业心理挫折的调适方法

战胜就业挫折，社会、学校等外界环境是重要的。社会要努力为大学生提供良好的就业环境，尽快完善就业市场和就业制度，建立公正、公平、合理的竞争机制，学校要大力加强就业指导和心理咨询工作。但要想真正战胜挫折，主要是依靠自己，这里重点谈一谈就业受挫的自我应对。

1. 正确认识就业挫折

大学生初次就业，难免遇到一些挫折，这是正常的。就业过程中的挫折本身并不可怕，它并不是导致情绪障碍的直接原因，大学生对就业挫折所持的看法、解释，才是引起情绪和行为反应的直接原因。有的大学生怕就业怕失败，对挫折不理解，认为不应该发生；有的大学生在挫折面前以偏概全，一叶障目，过分片面化；有的大学生对挫折过分夸大，想象得非常可怕，无法挽回；等等，这些都是不合理的观念。大学生就业受挫后，要保持冷静、理智，树立自信心，找出挫折源，分析原因、性质及严重程度，然后考虑解决问题的办法及可行性，最后付诸实施。

2. 积极运用心理防御机制，提高挫折承受力

挫折承受力如何，直接关系到个体是否能经得起挫折打击。挫折承受力较强者，往往挫折反应较轻，受挫折的消极影响少，而挫折承受力较弱者，则容易受挫折的消极影响，甚至意志消沉、一蹶不振。在就业过程中，大学生都或多或少地运用自我防御机制，心理防御机制运用得当，可以减轻情绪上的痛苦，从而提高就业中的挫折承受力，为寻找战胜

挫折的办法提供时机。防御机制有积极和消极之分，我们提倡运用积极的心理防御机制，如升华、认同、补偿、幽默等。当然，不论何种方式都要看大学生在就业过程中如何来准确把握，适时适度地运用。

3. 强化社会支持意识，克服封闭性应对

大学生应对就业挫折多采用封闭式应对方式，而较少寻找社会支持，这可能与大学生自尊心较强有关，与不少大学生认为就业具有不可公开性有关。社会支持是一种特定的人际关系，包括师生关系、同学关系、朋友关系、家庭关系、亲戚关系，等等。在同样的就业挫折情景下，社会支持较多的大学生，受到的挫折伤害小，解决问题的策略多、速度快。社会支持是就业过程中有效增强挫折承受力的又一有力武器。当然，社会支持不是"拉关系"，搞"不正之风"，而是在就业受挫过程中的关怀、爱护、帮助、信任、安全和指导，不能因为现实生活中存在的"不正之风"而因此忽视甚至完全否定社会支持。

4. 正确评价自我，合理调整就业期望值

大学生是一个容易幻想的青年群体，大学伊始就有优越感，对未来充满美好的追求和向往，毕业时，对自己的能力估价过高，定位的就业期望值就过高，脱离了实际，超越了现实的就业条件，所以容易产生或加重挫折感。大学生之所以有时应对效率不佳，与他们建立的就业期望值不合理不无关系。毕业大学生，应当全面地评价自己，既要看到自己的长处，又要正视自己的差距，冷静地总结经验教训，分析面临的就业形势，合理地调整就业期望值，同时提出下一步的行动方案。大学生就业期望值应立足于现实的社会需要，充分体现发展事业，服务社会，奉献社会的精神风貌，使自己的就业观和就业期望值做到自身条件与社会现实、个人要求与社会需要相一致。

第五章 大学生创业精神与创业团队

第一节 创新与创业的基本内容

一、大学生创新精神培育

（一）创新概述

1. 创新的内涵

以下从经济学和管理学两个角度解释创新的含义。

（1）创新概念的经济学解释

创新这一概念是美籍奥地利经济学家约瑟夫·熊彼特定义的，他在著作《经济发展理论》一书中提出，创新是指企业家对生产要素"进行新的组合"，从中获得超额利润的过程。熊彼特将所指的创新组合概括为以下五种形式：一是引入新的产品或提供产品的新质量；二是采用新的生产方法、新工艺的过程；三是开辟新的市场；四是开拓并利用新的原材料或半制成品新的供给来源；五是采用新的组织方法。熊彼特创立创新理论的主要目的在于为经济增长和经济周期的内在机理提供一种全新的解释，利用创新理论分析资本主义经济运行呈现"繁荣—衰退—萧条—复苏"四个阶段循坏的原因，说明了不同程度的创新会导致长短不等的三种经济周期，并确认创新能够引发经济增长。熊彼特等人对创新的定义强调了经济要素的有效组合，即创新应是信息、人才、物质材料与企业家才能等经济要素的有机配合，形成独特的协同效用。

熊彼特所描绘的五种创新组合，大致可归纳为三大类：一是技术创新，包括新产品的开发、老产品的改造、新生产方式的采用、新供给来源的获得，以及新原材料的利用；二是市场创新，包括扩大原有市场的份额及开拓新的市场；三是组织创新，包括变革原有组织形式及建立新的经营组织。

熊彼特谢世之后，他的主要追随者从不同的角度与层次，对创新理论进行了分解研究，并发展出两个独立的分支：一是技术创新理论，主要以技术创新和市场创新为研究对象；二是组织创新理论，主要以组织变革和组织形成为研究对象。

（2）创新概念的管理学解释

从企业管理的角度，组织创新作为技术创新的平台，推动技术创新成为企业永续发展的根基，因此技术创新能力的提升是企业核心竞争力提升的关键。技术创新的管理学解释强调了"过程"与"产出"（将设想做到市场），是指从新思想产生，到研究、发展、试制、生产制造直至首次商业化的全过程，是发明、发展和商业化的聚合。在这一复杂过程中，任何一个环节的短缺，都不能形成最终的市场价值；任何一个环节的低效连接，都会导致创新的滞后。

2. 创新的类型

从本质上说，创新是一种变革，在创新过程中聚焦于技术方面的变革是永恒的主题，因此有必要了解创新的多种类型和相关特点。

（1）产品创新

产品创新就是指提出一种能够满足顾客需要或解决顾客问题的新产品。例如，苹果公司推出的iPhone手机、海尔推出的"环保双动力"洗衣机（"不用洗衣粉的洗衣机"）、华为推出的带指纹识别功能的智能手机等，都是产品创新的例子。

（2）工艺创新

工艺创新则是指企业采取某种方式对新产品及新服务进行生产和传输，是对产品的加工过程、工艺路线以及设备所进行的创新。例如，新型洗衣机和抗癌新药的生产过程中生产工艺及生产设备的调整，银行数据信息处理系统的相关使用程序及处理程序等。工艺创新的目的是提高产品质量、降低生产成本、降低消耗与改善工作环境。当然，上述两种区分并不是绝对的，有时两者之间的边界不甚清晰。例如，一台新型的太阳能动力轿车既是产品创新，也是工艺创新。尤其值得注意的是，在服务领域产品创新和工艺创新通常交织在一起。

在新的市场竞争中，企业面临着不断提高效率、质量和灵活性的要求。企业如果能够生产出别的企业生产不出的产品，或者企业能够以一种更为经济有效的方式组织生产，那么企业同样能够建立竞争优势。研究表明，企业利用外部技术和快速进入新产品市场的巨大优势来源于企业注重对新产品和新服务进行生产和传输的能力，即企业进行工艺创新的能力。创新型企业就是在其所涉及的领域内持续不断地寻求新的突破，从而降低成本、提高质量、增强灵活性，最终将价格、质量和性能各方面都很突出的产品提供给市场。例如，日本汽车、摩托车、造船和家用电器等领域的成功很大程度上应归功于其先进的制造能力，而先进的制造能力的来源是持续不断的工艺创新。

（3）服务创新

服务创新是企业为了提高服务质量和创造新的市场价值而发生的服务要素变化，是服务系统有目的、有组织的、可改变的动态过程。服务创新的理论研究来源于技术创新，两者之间有着紧密的联系。但是服务业的独特性，使服务业的服务创新与制造业的技术创新有所区别，并有它独特的创新战略。

服务创新可以分为五种类型：服务产品创新、服务流程创新、服务管理创新、服务技术创新、服务模式创新。

①服务产品创新

服务产品创新是指服务内容或者服务产品的变革。创新重点是产品的设计和生产能力。例如，一项自行车车座技术的元件可以添加灌有凝胶的材料从而增强减震效果，而并不需要对自行车的其余结构做任何改变。

②服务流程创新

服务流程创新是指服务产品生产和交付流程的更新。服务流程创新可以划分为两类：一是生产过程创新，即后台创新；二是交付过程创新，即前台创新。服务流程创新和服务产品创新的区分有时是困难的。在供应商和顾客的关系比较密切的服务企业，顾客需要参与到服务流程中，服务产品由供应商和顾客共同完成，那么产品与流程就很难区分，所以在这些企业中，服务产品创新和服务流程创新的区别是困难的。

③服务管理创新

服务管理创新是指服务组织形式或服务管理的新模式，例如，服务企业导入全面质量管理（TQM）、海底捞火锅对员工独特的管理创新等。

④服务技术创新

服务技术创新是指支撑所提供服务的技术手段方面的创新，如支付宝推出的"刷脸支付"、电影院推出的网上自助订票选座服务等。

⑤服务模式创新

服务模式创新是指服务企业所提供服务的商业模式方面的创新。例如，有初创公司针对传统的洗车店洗车、去推拿店推拿而推出O2O上门洗车服务、O2O上门推拿服务等。

⑥渐进性创新

渐进性创新是指在原有的技术轨迹下，对产品或工艺流程等进行的程度较小的改进和提升。

⑦突破性创新

突破性创新是导致产品性能主要指标发生巨大跃迁，对市场规则、竞争态势、产业版图具有决定性影响，甚至导致产业重新洗牌的一类创新。

这类创新需要全新的概念与重大的技术突破，往往需要优秀的科学家或工程师花费大量的资金和时间来实现。这些创新常伴有一系列的产品创新与工艺创新以及组织创新,甚至导致产业结构的变革。很难用增加多少收入衡量什么是突破性创新,因为这还取决于公司的规模和耗费的成本。因此,突破性创新只能是所谓的"突破",但如果给突破性创新下个定义,也只能用它自身来界定其含义。通过流程改进显著降低成本或显著提高产量,而这样的流程改进也可以说是一种突破。

(二) 创新精神的内涵

创新精神是指要具有能够综合运用已有的知识、信息、技能和方法,提出新方法、新观点的思维能力,以及进行发明创造、改革、革新的意志、信心、勇气和智慧。创新精神是一个国家和民族发展的不竭动力,也是一个现代人应该具备的素质。创新精神属于科学精神和科学思想范畴,是进行创新活动必须具备的心理特征,包括创新意识、创新兴趣、创新胆量、创新决心,以及相关的思维活动。

创新精神是一种勇于抛弃旧思想、旧事物,创立新思想、新事物的精神。例如,不满足已有的知识(掌握的事实、建立的理论、总结的方法),不断追求新知识;不满足现有的生活生产方式(方法、工具、材料、物品),根据实际需要或新的情况,不断进行改革和革新;不墨守成规(规则、方法、理论、说法、习惯),敢于打破原有的条条框框,探索新的规律、新的方法;不迷信书本、权威,敢于根据事实和自己的思考,向书本和权威质疑;不盲目仿效别人的想法、说法、做法,不人云亦云、唯书唯上,坚持独立思考,说自己的话,走自己的路;不喜欢一般化,追求新颖、独特、异想天开、与众不同;不僵化、呆板,灵活地应用已有知识和能力解决问题等,都是创新精神的具体表现。

创新精神是科学精神的一个方面,与其他方面的科学精神不是矛盾的,而是统一的。例如,创新精神以敢于摒弃旧事物、旧思想,创立新事物、新思想为特征,同时创新精神又要以遵循客观规律为前提,只有当创新精神符合客观需要和客观规律时,才能顺利地转化为创新成果,成为促进自然和社会发展的动力。创新精神提倡新颖、独特,同时又要受到一定的道德观、价值观、审美观的制约。

创新精神提倡独立思考、不人云亦云,并不是不倾听别人的意见、孤芳自赏、固执己见、狂妄自大,而是要团结合作、相互交流,这是当代创新活动必不可少的方式;创新精神提倡胆大,不怕犯错误,并不是鼓励犯错误,因为出现错误认知是科学探究过程中不可避免的;创新精神提倡不迷信书本、权威,并不反对学习前人经验,任何创新都是在前人成就的基础上进行的;创新精神提倡大胆质疑,而质疑要有事实和思考的根据,并不是虚无主义地怀疑一切……总之,要用全面、辩证的观点看待创新精神。

只有具有创新精神,才能在未来发展中不断开辟新天地。

（三）创新精神的培育

创新是人类特有的认识能力和实践能力，其以现有的思维模式提出有别于常规或常人思路的见解为导向，利用现有的知识和物质在特定的环境中改进或创造新事物。

无论是国家、企业还是个人都需要有创新思维。早在两千多年前，老子就在《道德经》中提出"天下万物生于有，有生于无"的创新思想。20世纪初，中国著名教育学家陶行知先生第一次将"创造"引入教育领域，致力于培养出具有"创新精神"和"开辟精神"的人才。天下兴亡，匹夫有责，个人创新能力对国家富强和民族兴旺有着重要意义。作为大学生，要培养自己的创新精神，可以从以下几个方面入手。

1. 要有强烈的创新欲望

如果没有强烈的创新欲望，那么无论怎样谦虚和好学，最终都是模仿或抄袭，只能在前人划定的圈子里周旋。要创新，就要坚持不懈地努力，勇敢面对困难，要有克服困难的决心，不要怕失败，相信失败乃成功之母。

2. 始终保持一颗好奇的心

牛顿少年时期就有很强的好奇心，他常常在夜晚仰望天上的星星和月亮。星星和月亮为什么挂在天上？星星和月亮都在天空运转着，它们为什么不相撞呢？这些疑问激发着他的探索欲望。后来，经过专心研究，他终于发现了万有引力定律。能提出问题，说明在思考问题。在学习过程中，自己如果提不出问题，那才是最大的问题。好奇心包含着强烈的求知欲和追根究底的探索精神，谁想在茫茫学海获取成功，就必须有强烈的好奇心。正像爱因斯坦说的那样："我没有特别的天赋，只有强烈的好奇心。"

3. 不断进行自我提问

如果不问"为什么"，人类会减少很多创新性的见解。

一个具有创新思维的人总是能透过表面现象去寻找问题的本质，他们从来不把任何事情看作水到渠成的过程，也不会把事情当作理所当然的结果。那些看似一时冲动提出的问题往往包含着更多创新思维的火花。

4. 表达自己的想法

人一生会有太多的想法，其中大部分的想法都被自我审查意识否定了，这种自我审查机制将一切看似离经叛道的想法都当作"杂草"一样铲除，留下循规蹈矩的想法。但这些循规蹈矩的想法是没有创造力的，想要创新便不能放弃每一根"杂草"。当有了"稀奇古怪"的想法时应该表达出来，每次表达都可能擦出一个创新的小火花。只有这样才能更仔细地去审视，去探索，去验证，去发现它们真正的价值。

5. 拥有坚定的信念和意志

创新的道路上不会一帆风顺，想要实现创意、尝试新方法会遇到各种矛盾，创新的过程从来不是一蹴而就的，在创新的过程中应坚定信心、不断进取，当创新活动误入歧途时，应适当做出调整，迫使自己"转向"或"紧急刹车"。

一个人是否具有创新能力是"一流人才和三流人才之间的分水岭"，个人不创新，会被公司淘汰；公司不创新，会被行业淘汰；行业不创新，会被社会淘汰；社会不创新，会停滞不前。

二、大学生创新创业知识学习

（一）创业概述

创业，在《新华字典》里的定义是"开创事业"。创业学者们也从不同的方面对创业下了定义。其中最确切的定义应该是，创业是不拘泥于当前资源约束，寻求机会进行价值创造的行为过程。

人生充满了挑战和机遇，时常需要面对进与退、得与失、强与弱、胜与败、兴与衰、取与舍等之间的抉择。在这些矛盾的交织中，是选择直面而上，还是选择退而远之？面对人生所做出的不同选择，就决定了每个人未来的不同结果。

其实，创业的本质是一种生活方式。创业就是某一个人或团队通过寻求机会，整合资源，创造价值、体现价值的过程。因此创业可以挖掘个人潜力，把自身优势发挥得淋漓尽致，从而体现自身价值。

美国人本主义心理学家马斯洛提出了人类"需求层次理论"，在这个理论中，他把人的需求分成了五个从低到高的层次。其中，他把"自我实现"看作区别于其他四种需求的最高级别。"自我实现"也可以叫作"实现自身价值"，是人类充分利用外在和内在条件，发挥自身潜力的心理需求，是一种要把人的潜力发挥到极致的根本欲望。而人们追求成功的动机，正是来源于"自我实现"的需求。追求把出类拔萃、自我实现的心理需求变成一种内在的动力，不断激励创业者战胜困难、超越自我、冲破逆境，进而体现自身的价值。

（二）创业精神的内涵

1. 创业精神的概念与本质

从概念上讲，创业精神是指在创业者的主观世界中，那些具有开创性的思想、观念、个性、意志、作风和品质等。

创业精神是创业者在创业过程中的重要行为特征的高度凝练，主要表现为勇于创新、敢当风险、团结合作、坚持不懈等。创业精神的本质是创新意识和主动精神。

从理论上讲，创业精神有三个层面的内涵：一是哲学层次的创业思想和创业观念，是人们对于创业的理性认识；二是心理学层次的创业个性和创业意志，是人们创业的心理基础；三是行为学层次的创业作风和创业品质，是人们创业的行为模式。

2. 创业精神的相关因素

（1）创业精神与学历无关

创业精神与一个人的学历高低无关，不管是小学生、中学生、本科生还是博士生，只要具有创业精神，这种精神就不会因为学历的偏差而有丝毫的不同。

（2）创业精神与企业大小无关

创业精神与企业大小无关，不论是上市公司的老板还是理发店的老板，在开创事业和开办企业时，所需要拥有的创业精神都是一样的，不会因为其所创企业的大小不同，而使创业精神的本质有任何的区别。

3. 创业精神的来源

创业精神，就是在创业过程中激发出来的各种潜能。创业的动机来自要达到某个目标的强烈愿望。这种强烈的愿望是所有成就的起点。在每个人身上都具备一种成功的潜在品质，只是有些人没有发现和激发这种潜能，因此只能使人生停留在平庸和失败之中。但凡创业成功的人，都是先有创业的动机，而后才慢慢具备了创业的技能。而创业精神将在新时期发挥更大的作用，有利于加快转变经济发展方式，促进经济社会又好又快地发展。

（三）创业精神的作用与培育

创业既是一种能力，也是一种精神。如果说资金和项目对创业者非常重要的话，那是否具有一种创业精神，才是更重要的问题。创业者的自身素质是创业成败的关键，而创业精神需要在创业过程中慢慢培养。创业者的素质和能力，包括创业者的创业精神，都是可以培养和提高的。

1. 成功企业家对创业精神有示范作用

（1）创业者是可以培养的

每一个创业者在创业初期，都应该对已经创业成功或没有创业成功的人做尽可能多的了解，当然，这种学习不应对自己的创业形成束缚。因为人们所学会的每件事都是实践的结果，而每一个创业者在创业历程中，都不可避免地犯过错误。任何一位企业家都会牢记自己和其他创业者经历了怎样的磨难才取得了今天的成功，其中最典型的就是汽车大王亨利·福特曾经破产过4次!

但是,创业实践证明,学习别人成功的经验,可以使人更容易成功;吸取别人失败的教训,可以使人不复制失败。就像家长从小就告诫孩子不要用手去摸太热的东西一样,实际上如果没有家长的教诲,这个世界上不知要多出多少孩子被烫伤的故事。

(2) 向成功者学习成功的经验

学习是获得经验的捷径。没有谁天生就有丰富的经验,所有的经验都是人们经历之后才获得的。"实践出真知",挫折使人们积累丰富的经验。假如想拥有经验,梦想创业成功,最好的办法就是向创业经验丰富的人请教,分析成功企业家的案例,然后借鉴他们的经验,并行动起来。

请记住不要在山底下跟没有登过山的人请教攀登到山顶的经验,而是要跟那些已经成功攀登到顶峰的人请教。一个没有登过山的人,怎么可能教会别人登山的技巧呢?

(3) 学会独立观察和讨论问题

学习那些成功的案例,就会发现在那些成功人士的眼里到处都是机会。他们很少抱怨,而总是用一双善于发现的眼睛去看到别人看不到的商机。他们总是具有独特的思路和见解,而且行为也通常异于常人,有时甚至不为大多数人所接受。他们不人云亦云,所以才成为人群中的佼佼者。具有不同于常人的思维方式和不盲目追随"羊群效应"的行为方式,这是成功企业家的普遍特点。

(4) 创业者都是英雄

敢于冒风险是成功人士的另一特点。风险和机遇是一对孪生兄弟,如果只选那些别人尝试过的、四平八稳而又无风险的事去做,那必将与很多机会擦肩而过。都说机会只光顾那些有准备的人,事实上,机遇在很多时候都给了那些敢于承担风险的人。

成功者虽然是少数,但是那些失败的创业者虽败犹荣。与创业成功的人交往,不知不觉就会被他们的勇气所感染,从而学到他们身上那些闪光的优点。学习创业者成功的故事,确实会让人热血沸腾、充满激情。但是聆听创业者失败的教训,则是在提醒人们如何规避风险,使人在创业中更具理性。

2. 在实践中进行创业精神的培育

在大学和社区的创业培训实践中发现,真正去创建公司毫无疑问是学习创业、培养学生创业精神无可替代的、最好的学习方法。但是,在学校里如果让学生真的去开公司,则需要具备一定的客观条件。因此,不妨把创业者身上最重要的创业精神、创新意识等品质提炼出来,通过案例教学法、模拟情境教学法、项目教学法的方式给学生创造学习的环境,同时创造机会让他们去实践。

三、创新与创业思维、方法与实践

（一）创新思维的内涵与方法

创新思维是进行全新的构思、联想和创新设计的一种思维方式。最重要的是坚持创新，勇于创新，包括理论创新、制度创新、技术创新、管理创新。人的创造力的核心是创新思维能力。

（二）创新思维的概念

关于创新思维的定义和本质，众说纷纭。概括来说，创新思维是指对事物间的联系进行前所未有的思考，从而创造出新事物的思维方法，是一切具有崭新内容的思维形式的总和。

科学家们的新发现，科技人员的技术革新和发明，社会改革家的新设想、新计划，普通劳动者的创造性活动，艺术家的创作，甚至小学生通过独立思考解决从未遇到过的难题的活动，都是创新思维的具体体现。总之，凡是能想出新点子、创造出新事物、发现新路子的思维都属于创新思维。

（三）创新思维的作用

首先，创新思维可以不断地增加人类知识的总量，不断推进人类认识世界的水平。创新思维因其对象的潜在特征，表明它是向着未知或不完全未知的领域进军，不断扩大着人们的认识范围，不断地把未被认识的东西变为可以认识和已经认识的东西。科学上每一次的发现和创造，都为人类由"必然王国"进入"自由王国"不断地创造着条件。

其次，创新思维可以不断地提高人类的认识能力。创新思维的特征已表明，创新思维是一种高超的艺术，创新思维活动及过程中的内在的东西是无法模仿的。这内在的东西即创造性思维能力。这种能力的获得依赖于人们对历史和现状的深刻了解，依赖于敏锐的观察能力和分析问题的能力，依赖于平时知识的积累和知识面的拓展。而每一次创新思维过程就是一次锻炼思维能力的过程，因为要想获得对未知世界的认识，人们就要不断地探索前人没有采用过的思维方法、思考角度去进行思维，就要独创性地寻求没有先例的办法和途径去正确而有效地观察问题、分析问题和解决问题，从而极大地提高人类认识未知事物的能力。因此，认识能力的提高离不开创新思维。

最后，创新思维可以为实践开辟新的局面。创新思维的独创性与风险性特征赋予了它敢于探索和创新的精神，在这种精神的支配下，人们不满于现状、不满于已有的知识和经验，总是力图探索客观世界中还未被认识的本质和规律，并以此为指导，进行开拓性的实践，开辟出人类实践活动的新领域。

创新思维是将来人类的主要活动方式和活动内容，历史上曾经发生过的工业革命没有完全把人从体力劳动中解放出来，而目前世界范围内的新技术革命带来生产的变革、全面的自动化把人从机械劳动和机器中解放出来，并从事着控制信息、编制程序的脑力劳动。而人工智能技术的推广和应用，使人可以把一些简单的、具有一定逻辑规则的思维活动交给"人工智能"去完成，从而又部分地把人从简单的脑力劳动中解放出来。这样，人将有充分的精力把自己的知识、智力用于创新思维活动，使人类文明推向一个新的高度。

（四）创新思维的方法

1. 相关法

相关法是指人们在进行创新思维、寻找最佳思维结论时，由于思路受到其他事物已知特性的启发，便联想到自己正在寻求的思维结论的相似和相关的东西，从而把两者结合起来，达到和实现由此及彼的目的的方法。相关法的运用要依赖于较强的联想力。

世界万物之间存在普遍联系，是唯物辩证法的基本观点和总特征。唯物辩证法认为，联系是指事物内部诸要素之间以及事物与事物之间的相互影响、相互作用和相互制约。联系是客观的，凡真实的联系都是事物本身所固有的联系，而不是人们强加给事物的主观臆想的联系。

由于事物之间普遍联系，因而彼此相互作用、相互影响。某一事物的解决，往往影响到周围的众多事物。例如，环境问题，它不单单是某个人、某个单位的事情，而是大家共同面对的生存空间的境况问题，因而，一定空间范围内某个人、某个单位对环境的破坏，必殃及其他人、其他单位；同样，某个人、某个单位对环境的重视，必将使大家共同受益。如果一个化工厂每天排放大量废气，不仅会影响该厂职工的身心健康，而且会危及邻近居民的身心健康；不仅会破坏人们的生存空间，还会破坏空气中各元素之间的平衡，影响气候、农业生产等。反之，如果该厂在废气进入空气中之前就进行处理，那么各方面都会获益。

要把相关方法灵活运用于自己的创新思维活动中，也并非易事。它要求人们大力培养洞察事物间相关性的能力，善于抓住事物的本质和问题的关键，善于把自己所思考的内容进行要素分类和分解，提高见此思彼、由此及彼的能力，获得创新思维方法。

2. 正向思维法

正向思维法是人们在创新思维活动中，沿袭某些常规去分析问题，按事物发展的进程进行思考、推测，这是一种从已知到未知，通过已知来揭示事物本质的思维方法。这种方法一般限于对一种事物的思考。

正向思维法是依据"事物都是一个过程"这一客观事实而建立的。任何事物都有产生、发展和灭亡的过程，都是从过去走到现在、由现在走向未来。只要能够把握事物的特性，了解其过去和现在，就可以在已掌握的材料的基础上，预测其未来。

正向思维法虽然一次只限于对某一种事物的思考，但它都是在对事物的过去、现在做了充分分析，对事物的发展规律做了充分了解的基础上，推知事物的未知部分，提出解决方案，因而它又是一种较深刻的方法，是一种不可忽视的工作与研究的方法。例如，大量的汽车阻塞、交通事故、环境污染等问题日益困扰着各个国家。要解决这些问题，可以通过增加警力的办法进行疏通；也可以增修高速公路和立交桥，以保畅通；还可以限制车辆上路时间等。但这些手段终究是治标不治本，要想真正解决，就得思考汽车从引入至今，它给人民生活、环境、社会发展、安全等带来了哪些方便与不便，还将继续向何方向发展等，即从家庭拥有汽车这件事情本身的产生、发展过程入手，寻求解决方法。

3. 反向思维法

反向思维法是在思维路线上，与正向思维法相反的一种创新思维方法，是指人们在思考问题时，跳出常规，改变思考对象的空间排列顺序，从反方向寻找解决方法。如从 A 事物与 B 事物的联系中，反向推出 B 事物与 A 事物的另一种联系。

反向思维法利用了事物可逆性的思维方法。人们从事物反方向进行推断，寻找常规的岔道，并沿着岔道继续思考，运用逻辑推理去寻找新的方法和方案。这种方法在科学思维中运用得较为普遍。

4. 转向法

转向法是创新思维的又一方法。转向法是指人们在思考问题时，其思路在一个方向上受阻时，便马上转向另一个方向，经过多次转向，直到获得创新思维成果和创新行动的方法。

事物都是由多方面、多层次构成的复合体，事物的发展也都会受到各种各样因素的影响，具有多种发展的可能性。因此，当人们思考事物和改造事物在一个方向受到阻力时，便可从事物自身另寻他径。例如，18 世纪一位奥地利医生在给一个患者看病时，尚未确诊，患者就突然死去。经过解剖发现，其胸腔内已化脓并积满了脓水。能否在解剖前诊断出胸腔是否积有脓水，积了多少，一直困扰着他。一天，在一家酒店里，他看到伙计们正在搬运酒桶，只见他们敲敲这只桶，敲敲那只桶，边敲边用耳朵听。他忽然领悟到，伙计们是根据叩击酒桶发出的声音来判断桶内还有多少酒的，那么人体胸腔脓水的多少是否也可利用叩击的方法来判断呢？他大胆地做了试验，结果获得了成功。这样，一种新的诊断法"叩诊法"从此诞生了。

转向法在社会生活中运用得非常广泛，如各国政府都很重视教育，都希望自己的国民尽可能多地接受高等教育。然而，由于各种原因，能够进入高等学府并接受正规高等教育的，必是公民中的一小部分。随着世界各国的成人高等教育相继兴起，一些由于各种原因不能进入高等学府的人都有了接受高等教育的机会。成人高等教育的兴起，不仅提高了公民的文化素质、文化技术等，还减轻了政府在教育投资方面的负担，并保证了社会各方面工作的正常开展。

但是，转向法不是随意发生的，如果一个人没有进取的精神，对事物反应迟钝，观察力差，发现不了问题，那么，即使他想转向，也不知转向何方。因此，转向法要求运用者必须有较敏锐的观察问题的能力，善于发现问题苗头，能为思维转向提供思维入口；必须具有不厌倦于再做转向思考的毅力和追求完善、尽职尽责、积极进取的精神，使思维转向成为创新思维链条的一个又一个环节，最终使人们的思维和工作获得一个又一个的突破性成果。

5. 放松法

放松法是指人们在思考问题时，经过长期的冥思苦想，却找不到创新的答案，此时，思维主体已因注意力高度集中、眼睛过分紧张而处于身体非常劳累、大脑非常疲乏的状态。思维主体应放下手边的工作，并暂时忘掉它，去散步、闲聊、观赏自然风光、参加某项体育活动，使身体状况得到恢复，紧张的神经得到调节，并让大脑松弛一下。这样，当思维主体体力充沛、心情愉快、大脑放松时，在不经意间就会发现创新答案的方法。

总之，创新思维的方法很多，不限于以上论述的五种。在实际的创新思维活动中，可以随时总结，发现其他的方法。但不管是已有的，还是将要总结出的，每种方法只能具体地加以运用，即只能根据实际情况选择某一种方法，而不能事前主观地规定解决某一问题必须用某一种方法，这样是与创新思维的特性相悖的，也有悖于上述几种方法的共性——灵活性。因此，对于创新思维的方法，也需客观、创新地加以运用。

第二节 创业精神与创业团队

一、创业与创业精神

（一）创业的定义与功能

1. 创业的定义

"创业"一词最早出现于《孟子·梁惠王下》："君子创业垂统，为可继也。"《辞海》将创业解释为"开创基业"。现今，人们把创业理解为不拘泥于当前的资源约束，寻求机会进行价值创造的过程。作为一个行为过程，创业的概念可以从以下三个方面进行分析和理解。

首先，创业需要面对资源难题，设法突破资源束缚。无数创业案例表明，大多数创业者在创业初期甚至全过程都会经历资源约束和"白手起家"的过程。这是因为，创业活动通常是创业者在资源高度约束情况下所进行的从无到有、"从零到一"的财富创造过程。创业者往往需要通过技术创新和商业模式创新等方式对资源进行更为有效的整合，进而实现创业目标。换而言之，创业者只有努力创新资源整合手段和资源获取渠道才能真正摆脱资源约束的困境。正因为此，积极探求创造性整合资源的新方法、新模式和新机制，就成了创业的基本特性。

其次，创业需要寻求有效的机会。机会是具有时间性的有利情况，有效机会就是在时间之流中最好的一刹那，创业通常离不开创业者识别机会、把握机会和实现机会的有效活动。创业者从创业起始就需要努力识别商业机会，只有发现了商业机会，才有可能更好地整合资源和创造价值。因此，一般认为寻求有效机会是产生创业活动的前提。

最后，创业必须进行价值创造。创业属于人类的劳动形式之一，劳动需要产生劳动成果，创业也需要创造劳动价值。创业的本质在于创新，因此，与一般劳动相比，创业更强调创造出创新性的价值。当今较为典型的创业大都诉求创新带来的新价值，这些新价值通过技术、产品和服务等方式的变革更好地为消费者服务，促进社会的发展和进步。需要特别注意的是，创业通常需要比一般劳动付出更多的时间和努力，需要承担更多的风险，也更需要坚韧不拔和坚持不懈的努力。当然，创业的渐进和成功也会带来分享不尽的成就感。

2. 创业的功能

创业是经济活力之源、社会进步之翼。如今，创业正在世界范围内催生一种新型的经济形态。这种经济形态突出强调创新创业对于社会经济发展的重要作用，即通过创新和创业发现市场空白，丰富市场供需，引领人们的消费，更好地满足多样性和深层次的需求，推动消费结构升级和市场繁荣发展。正是借助创业型经济的优势，许多发达国家占得了全球市场的先机。根据全球创业观察（GEM）的报告，中国在全球创业活动中属于活跃状态的国家，且中国的创业环境正在不断改善。

创业的主要功能体现在以下几个方面。

（1）创业具有促进科技进步和繁荣市场的功能

创业往往伴随着新技术、新产品、新工艺、新方法进入市场，伴随着大量科研成果转化型企业的诞生。因此，创业可以促进技术进步，推动经济结构升级。创办科研成果转化型的新创企业，可以较快地促进社会科技进步，促进中国整体科技水平提高和综合国力提升。

（2）创业具有缓解就业压力的社会功能

一个大学生的创业成功，往往可以带动几个甚至一批大学生或社会待业人员的就业。如果社会上形成了大学生创业的良好氛围，将会有利于缓解大学毕业生的就业压力。因此，加强大学生群体的创业教育和创业学习具有重要的社会功能。

（3）创业具有调节社会资源配置的功能

新创企业要能够生存并获得持续发展，必须具备一定的竞争力。从行业发展来看，新创企业的成功将会影响行业已有的经营格局，加剧行业经营的竞争，形成优胜劣汰局面，激发市场的活力，有利于资源向经营良好、效率更高的企业流动，促使社会资源合理配置，产生更高的社会效益。

（4）创业具有帮助创业者实现人生价值的功能

随着社会进步发展，智力已经成为比土地、资金、劳动更有意义的关键性生产要素，知识、技术和管理已成为重要的生产要素并参与增值和分配。创办企业越来越需要创业者具有较高知识水平和技术能力，因此，创业有利于知识、创新成果的产业化转化，资本借助知识又能发挥更强大的作用，从而推动整个社会生产力水平的提高。拥有专业知识和具有人力资本的大学生更有能力通过创业实现价值创造。大学生借助知识和创意去创建企业的梦想随时都有可能变为现实。创业为每个人创造了发展的机会和增加个人财富的可能性，对许许多多梦想着开创自己事业的人而言，创业不但是一种充分实现自我的机会，更是发挥个人潜能的舞台。

（二）创业的要素与类型

1. 创业的要素

迄今为止，人们对创业要素的认知和分析中，最为典型和公认的创业要素模型为蒂蒙斯模型。该模型提炼出了创业的三大关键要素，即创业机会（机会）、创业者及其创业团队、创业资源（资源）。一般认为，这三个核心要素是创业活动中不可或缺的。如果没有机会，创业活动就成了盲动，难以创造真正的价值。应该说机会是普遍存在的，关键要看创业者及其创业团队能否有效地识别和开发机会，如果没有创业者及其创业团队的主观努力，创业活动是不可能发生的。创业者及其创业团队把握住合适的机会后，还需要有相应的资金和设备等资源，如果没有必要的资源，机会也就难以被开发和实现。

蒂蒙斯模型具有动态性的特征，认为创业过程实际上是三个因素之间相互作用，由不平衡向平衡的发展。随着创业过程的展开，其重点也相应地发生变化，创业要能对机会、创业者及其创业团队、资源三者做出动态的调整。因此，该模型还要求三要素之间的匹配和平衡。

创业现象也被认为是创业者、机会和资源三者之间的有效链接。其中，创业者是创业的核心，是使机会识别利用与资源获取组合得以实现的驱动者。

2. 创业的类型

创业活动涉及各行各业，创业者的创业动机千差万别，创业项目和领域多种多样，创业的类型也因此呈现多样化，可以从不同角度做出分类。

（1）基于创业动机不同的分类

依据创业者的创业动机不同，可以将创业分成生存型创业与机会型创业。21世纪初，全球创业观察（GEM）报告最先提出了生存型创业和机会型创业的概念，并逐年对生存型创业和机会型创业的概念进行了丰富。生存型创业，是指创业者为了生计而相对被动进行的创业，其主要特征为：创业者受生活所迫，物质资源贫乏，在现有市场中捕捉机会，从事低成本、低门槛、低风险、低利润的创业。譬如，中国改革开放初期的创业者以及下岗职工的创业行为大都属于这种类型。机会型创业，是指创业者为了追求商业机会，谋求更多发展而从事的创业活动。

生存型创业与机会型创业的主要区别如下。①创业者的个人特征。创业者的个人特征是影响创业动机的主要因素，对生存型创业与机会型创业的区分起着显著影响。相对而言，年轻和学历高的创业者更有可能进行机会型创业。②创业投资回报预期。创业投资回报与创业风险相关，因此生存型创业者期望低一些的投资回报，也承担小一些的创业风险。机会型创业者往往期望较高的投资回报，也会承担更大的创业风险。③创业壁垒。生存型创业者更多地受到创业资金、技术和人才等的限制，更多地会回避技术壁垒较高的行业。机会型创业者拥有一定资金、技术和人才优势，会更关注新的市场机会，选择有一定壁垒的行业。④创业资金来源。生存型创业者的资金主要来源于个人和家庭自筹，机会型创业者能比生存型创业者获得更多的贷款机会和政府政策及创业资金支持。⑤拉动就业。相比生存型创业，机会型创业不仅能解决自己的就业问题，而且能解决更多人的就业问题。⑥机会型创业由于更多着眼于新的市场机会，拥有更高的技术含量，有可能创造更大的经济效益，从而改善经济结构。无论是从缓解就业压力还是改善经济结构的目的出发，政府和社会都应该更加关注机会型创业，大力倡导机会型创业。

（2）基于创业起点不同的分类

根据创业起点不同，创业可分为创建新企业和企业内创业。创建新企业是指创业者或团体从无到有地创建全新的企业组织。这个过程充满机遇，但风险和难度也很大。企业内创业是指在已有公司或企业内进行创新创建的过程。例如，企业流程再造正是通过两次、三次乃至连续不断地创新创业，企业的生命周期才能不断地在循环中延伸。

（3）基于创业者数量不同的分类

根据创业者数量不同，创业可分为独立创业和合伙创业。独立创业是指创业者独立创办自己的企业，其特点在于产权归创业者个人所有，企业由创业者自由掌控，决策迅速，但创业者要独自承担风险，创业资源整合比较困难，并且受个人才能的限制。合伙创业是指与他人共同创办企业，其优势和劣势正好与独立创业相反。

（4）基于创业项目性质不同的分类

根据创业项目性质不同，创业可分为传统技能型创业、高新技术型创业和知识服务型创业。传统技能型创业是指使用传统技术、工艺的创业项目，比如生产饮料、中药、工艺美术品、服装与食品加工等。这些独特的传统技能项目在市场上表现出经久不衰的竞争力。高新技术型创业是指知识密集度高，带有前沿性、研究开发性质的新技术、新产品创业项目。知识服务型创业是指为人们提供知识、信息的创业项目。当今社会，各类知识性咨询服务机构不断细化和增加，这类项目投资少、见效快、市场前景广阔。

（5）基于创业方向或风险不同的分类

根据创业方向或风险不同，创业可分为依附型创业、尾随型创业、独创型创业和对抗型创业。依附型创业可以是依附于大企业或产业链而生存，在产业链中确定自己的角色，为大企业提供配套服务，也可以是特许经营权的使用，如利用某些品牌效应和成熟的经营管理模式进行创业。尾随型创业指模仿他人所开办的企业和经营项目，一般是行业内已经有许多同类企业，创业者尾随他人，学着别人做。独创型创业是指提供的产品和服务能够填补市场空白，大到商品完全独创，小到商品的某个技术独创。对抗型创业是指进入其他企业已形成垄断地位的某个市场，与之对抗较量。如20世纪90年代初，外商在中国市场上大量销售合成饲料的局面，希望集团建立了西南最大的饲料研究所，定位于与外国饲料争夺市场，最终取得了成功。

（6）基于创新内容不同的分类

根据创新内容不同，创业可分为基于产品创新的创业、基于营销模式创新的创业和基于组织管理体系创新的创业。基于产品创新的创业是指基于技术创新或工艺创新的成果，产生了新的消费者群体，从而导致创业行为的发生。基于营销模式创新的创业是指采取了一种有别于其他厂商的市场营销模式，因而可能给消费者带来更高的满足感。基于组织管理体系创新的创业是指采取一种有别于其他厂商的企业组织管理体系，因而可能更有效地实现产品的商业化和产业化。

（三）创业的过程与阶段

1. 创业的过程

创业过程是创业者从产生创业想法到创建新企业或开创新事业并获取回报的过程，涉及识别机会、组建团队、寻求融资等一系列活动。通常分为以下六个主要环节。

（1）产生创业动机

创业动机是创业机会识别的前提，是创业的原动力，它推动创业者去发现和识别市场机会。创业活动的主体是创业者，创业活动首先取决于个人是否希望成为创业者。当然，不少人是因为看到了创业机会，由于潜在收益的诱惑，才产生了创业动机，进而成为一名创业者或创业团队人员。一个人能否成为创业者，会受三个方面因素的影响。一是个人特质，每个人都可能具有创业精神，但其创业精神的强度不同，强度的大小有遗传的成分，更受环境的影响，比如温州人的创业意愿相对强烈，其中环境起到了很大的作用。二是创业机会，创业机会的增多会形成巨大的利益驱动，促使更多的人尝试创业，社会经济转型、技术进步等多方面的因素在使创业机会增多的同时，也会降低创业门槛，进而促成更大的创业热潮。三是创业的机会成本，人们能从其他工作获得高收入并满足需求，创业意愿就低，比如科学家独立创业的少，是因为科学家已经谋得了一份收入相对丰厚而且稳定的工作，因此较少愿意去冒创业风险。

（2）识别创业机会

识别创业机会是创业过程的核心环节。识别创业机会包括发现机会来源和评价机会价值。一般应澄清四个基本问题：第一，机会何来？就是说创业者应该找到创业机会的来源在哪里。第二，受何影响？就是说创业者应该找到影响创业机会的相关因素。第三，有何价值？就是说创业者应该找到创业机会所具有的并能被评价的价值。第四，如何实现？就是说创业者应该明了能通过什么形式或途径使机会变成实际价值。围绕这些问题，创业者在识别创业机会阶段需要采取行动，多交流，多观察，多获取，多思考，多分析，最终抓住创业机会。

(3) 整合资源

整合资源是创业者开发机会的重要手段。一般情况下，创业者可以直接控制的可用资源往往很少，创业几乎都会经历白手起家、从无到有的过程。对创业者来说，整合资源往往意味着需要借船出海，要善于尝试依靠盘活别人掌握的资源来帮助和实现自己的创业起步。人、财、物都是开展创业活动所必需的基本生产要素。创业者所需要整合的资源，首先是要能组建团队，凝聚志同道合的人；其次是要能进行有效的创业融资；最后是要有创业的基础设施，包括创业活动的场地和平台。创业是创业者在资源约束情况下开展的具有创造性的工作，一定会面临很大的不确定性。所以，创业者在创业初期乃至很长一段时间里，都要把主要精力放在资源的获取上，以解决公司和企业的生存问题。此外，创业者还需要围绕创业机会设计出清晰的、有吸引力的商业模式，有时还需要制订详细的创业计划，以此向潜在的资源提供者陈述或者展示，以获取更多的资源支持。

(4) 创建企业

创建企业是创业者创业行为最为直接的标志。创建企业包括公司制度设计、企业注册、经营地址的选择、确定进入市场的途径，可以是选择完全新建企业，也可以是采取加入或收购现有企业等方式。值得注意的是，许多创业者在创业初期迫于生存的压力，以及对未来缺乏准确预期，往往容易忽视这部分工作，结果给以后的发展留下了隐患。

(5) 提供市场价值

创业者识别机会、整合资源、创建企业等的目的是实现自己的创业目标。但真正能促成创业目标最终实现的是创业者提供的市场价值，这是创业过程中的重要环节，关系新创企业的生存与成长。因此，创业者必须面对挑战，采取有效措施，使创业的市场价值得到充分的涌流和实现，不断地让客户收益，从而获得企业的长期利润，逐步把企业做活、做好、做大、做强。

(6) 收获创业回报

收获创业回报是创业活动的主要目的，对回报的获取有助于促进创业者的事业发展。回报可能是多种多样的，对回报的满意程度在很大程度上取决于创业者的创业动机。调查发现，创业者的创业动机不同，对收获创业回报的态度和想法也有所不同。对多数年轻创业者来说，收获创业回报最为理想的途径之一，是把自己创建的企业尽快发展成为一家快速成长的企业，并成功上市。

2. 创业的阶段

根据以上对创业过程的分析，可以归纳出，一个全过程的创业可大致划分为四个主要阶段，即机会识别、资源整合、创办企业、新创企业生存和成长。

上面介绍的创业过程所包含的环节中，产生创业动机、识别创业机会属于机会识别阶段；整合资源、创建企业属于资源整合和创办企业阶段；而提供市场价值、收获创业回报则属于新创企业生存和成长阶段。

创业的阶段也可以从公司发展的性质进行更大的阶段划分，如下所示。

第一阶段，即生存阶段。以产品、技术和服务来占领市场，重点是要有想法，懂得销售。

第二阶段，即公司化阶段。以规范管理来增加企业效益，这需要创业者提高思维层次，从基本想法提升到企业战略思考的高度。

第三阶段，即集团化阶段。以产业化的核心竞争力为硬实力，依靠一个个团队的合作，构建子公司和整个集团的系统平台，通过系统平台来完成管理，把销售变成营销；把区域性渠道转变成地区性网络。

第四阶段，即总部阶段。以一种无国界的经营方式构建集团总部，依靠一种可跨越行业边界的无边界核心竞争力，让企业发展达到最高层级。

（四）创业精神

1. 创业精神的本质

创业精神是创业者在创业过程中具有开创性的思想、观念、个性、意志、作风和品质等重要行为特征的高度凝练，主要表现为创新、冒险、合作、执着等。

（1）创新是创业精神的灵魂

创业活动中的创新包括产品创新、技术创新、市场创新、组织创新等。创新被认为是表现创业精神的具体化。创业者具有创新精神，才可能创建新颖独特的企业，并保持一个企业的特色和可持续发展。

（2）冒险是创业精神的天性

没有甘冒风险和承担风险的魄力，就不能成为创业者。无数创业者的经历证明，创业者虽然生长环境、成长背景和创业机缘各不相同，但无一例外都是在诸多不确定性因素条件下敢为人先、勇于创新的实践者。

（3）合作是创业精神的精华

社会发展到今天，行业分工越来越细，没有谁能一个人完成创业需要完成的所有事情。真正的创业者善于合作，能将合作精神扩展到企业的每个员工身上。面临困境时，团队成员能团结一心、奋力拼搏。

（4）执着是创业精神的本色

创业的过程必然伴随着各种艰辛和曲折，因此创业者必须坚持不懈、咬定青山不放松。创业实践表明，往往只有偏执者才能在创业中生存下来。

创业精神是创业的动力，也是创业的支柱。没有创业精神就不会有创业行动，创业成功也就无从谈起。因此，创业精神对创业至关重要。

2. 创业精神的来源

创业精神的形成与发展受相应文化环境、产业环境、生存环境等的影响。

（1）文化环境

创业本身是一种学习。创业者离不开文化环境。作为学习者，其所生活区域的文化就是学习的重要内容之一。因此，在一个商业文化氛围浓厚的地方，潜在的创业行动者容易培养创业精神。以温州为例，温州十分发达的商业文化传统孕育了当今温州商人的创业精神。

（2）产业环境

不同的产业环境会对创业精神产生影响。对于垄断行业而言，企业缺少竞争，就容易抑制创业精神的产生。而在一个完全竞争的市场结构中，由于企业间优胜劣汰，竞争激烈，更有可能形成创业精神。

（3）生存环境

常言道："穷则思变。"从生存环境来看，资源贫瘠、条件恶劣的区域往往能激发人的斗志。从创业视角分析，在资源贫瘠的地方，人们常为了改善生存状况而去寻求发展机会，整合外界资源，进而催生创业念头，激发创业精神。

3. 创业精神的作用

创业精神能够激发人们进行创业时间的欲望，是心理上的一种内在动力机制，它在很大程度上决定着一个人敢于投身创业实践活动，支配着人们对创业实践活动的态度和行为，并影响着态度和行为的方向及强度。

创业精神能够渗透到三个广阔的领域产生作用：个人成就的取得（个人如何成功地创建自己的企业）、大企业的成长（大公司如何使其整个组织都重新焕发创业精神，以具有更强的竞争力）和国家的经济发展（帮助人民变得富强）。创业精神的力量能够帮助个人、企业乃至整个国家或地区在面对 21 世纪的竞争时走向成功和繁荣。当前，世界产业结构正经历着彻底转变，创业精神在中国将发挥更大的作用，它有利于加快转变经济发展方式，促进社会经济又好又快发展。

4. 创业精神的培育

（1）培育创业人格

个性特征对个体的创业来说是非常重要的，尤其是"独立性""坚持性""敢为性"等。所以，人格教育对创业精神与创业能力的培养是相辅相成的。高校要依据大学生的心理特点，有针对性地讲授心理健康知识，帮助大学生树立心理健康意识，优化心理素质，增强心理调适能力和社会生活适应能力，自觉培养坚韧不拔的意志品质和艰苦奋斗的精神，提高承受和应对挫折的能力。此外，还可以采用创业案例剖析创业者的人格特征、进行心理训练等，让学生掌握形成良好心理素质与优良人格特征的途径。

（2）培养创新能力

创新是创业精神的核心，高校必须突出对学生创新能力的培养。要尊重学生的个性发展，爱护和培养学生的好奇心、求知欲，为学生的禀赋和潜能的充分开发创造一种宽松的环境。鼓励学生勇于突破，有意识地突破前人、突破书本、突破老师。通过开设创新创造类课程、举办主题技能竞赛，让学生感受、理解知识产生和发展的过程，培养学生的科学精神和创新思维。

（3）宣扬创业文化

校园文化是学生成长的外部环境，它对学生具有陶冶功能、激励功能、导向功能。高校应想方设法将创业精神有机地融入学科活动、科技活动等，以培养学生的创业精神。例如，可经常邀请成功的企业家或成功的校友来学校做报告，增强大学生的创业信心，利用他们的创业激情感染学生，成为激励学生创业的榜样。

（4）强化创业实践

鼓励学生利用课余时间参加一定的创业模拟和社会实践活动，增强学生对企业的了解和对社会的适应能力。如在校内外开展创业竞赛活动、与社会企业联合开展学生的实习、见习等。"纸上得来终觉浅，绝知此事要躬行"，让学生在实践中磨炼自己，形成正确的创业认知，孕育创业精神和提升解决问题的能力。

二、知识经济发展与创业

（一）知识经济时代创业活动的功能

1. 创业是社会就业的扩容器

知识经济只是在一定程度上改变了就业的方向和结构，而不可能自动解决就业问题。创业可以通过提供就业岗位、服务社会来带动就业。创业型中小企业更是发挥了重要作用，创造了大部分的就业机会，尤其是在大企业进行裁员时，中小企业在稳定就业方面起着越来越重要的作用。

2. 创业是科技创新的加速器

知识经济时代的创业更可以实现先进技术转化，推动新发明、新产品或新服务的不断涌现，创造出新的市场需求，从而进一步推动和深化科技创新，因而提高企业乃至整个国家的创新能力，推动经济增长。创业是新理论、新技术、新知识、新制度形成现实生产力的转化器，新创企业要想在激烈的市场竞争中站稳脚跟，就要使用先进的生产技术，采用科学的技术手段，因此创业可以加速科技的创新。

3. 创业是经济发展的原动力

在知识经济时代，无论是在发达国家，还是在发展中国家，创业都是一个国家经济发展中最具活力的部分，是经济发展的原动力。中国改革开放以后，国家实行市场经济，积极支持个人投资兴办企业，新创办的中小企业成为中国新的经济增长点，对经济持续高速增长，以及促进城市化进程和现代化建设，都起到了重要的作用。

4. 创业是社会进步的推动器

创业活动促进了社会经济体制的改革和深化，繁荣了市场，丰富了人们的生活，提高了人们的生活质量，促进了社会稳定和谐，是实现共同富裕的有效途径。创业还可以激发整个社会的创新意识和创新精神，有利于社会文化、观念的转变。此外，创业对社会形成创新、宽容、民主、公正、诚信等观念和文化具有积极推动作用。

（二）知识经济时代创业的重要意义

1. 推动宏观创新

创业就意味着创新。创业的过程就是一个创造性地整合资源的过程，包含有许多领域的创新元素，比如技术创新、产品创新、组织创新、服务创新等。因此，创业活动可以推动社会的宏观创新。

2. 实现生产力发展

在知识经济时代，高科技产业的发展成为一国竞争力的主要决定因素。而高科技产业的发展不仅需要大批具有创新精神和创造力的人才，更需要一个完整的创业体系的支撑。从某种程度上讲，创新的价值在于将潜在的知识、技术和市场机会转化为现实生产力，实现社会财富增长，造福人类社会，而实现这种转化的根本途径就是创业。通过创业可以实现创新成果的商品化和产业化，将创新的价值转化为具体、现实的社会财富。因此创业可以使创新带来的高科技、潜在的价值市场化，使创新成果转化为现实生产力。

3. 解决社会问题

创业伴随着大量新价值的产生，它是促进就业质量提升、改善人们生活质量、调整社会生产关系的有效途径之一。创业可以使社会资源在竞争状态下达到有效的配置，从而实现人、经济与社会的科学、可持续、和谐的发展。

三、创业者

（一）创业者的概念

创业者首先是一个有梦想的追求者，他追求的是未来的回报，而非现在的回报。如果未来的回报低于预期，或者低于现在的回报，一个人不可能有创业的动力。因此，创业者进行创业活动是为了获得更大的价值，这种价值包括物质上的诉求，而更多的是人生价值的实现。创业者的未来收益是一种投资性活动的收益，这些投资既可能是实际的资本投入，也有本人和团队的时间和精力的投入，而收益也就不只是金钱上的收益，还应包括价值的收益、理想的实现等。

创业者一般被界定为具有以下特点的人：创业者是一种主导劳动方式的领导人；创业者是具有使命、荣誉、责任能力的人；创业者是组织运用服务、技术、器物作业的人；创业者是具有思考、推理、判断能力的人；创业者是能使人追随并在追随的过程中获得利益的人；创业者是具有完全权利能力和行为能力的人。

在实际生活中，与一般人的观念不同，创业者所谓高度的商业才能，不仅仅是创办一个企业，而且是在企业的整个发展过程中，都能够做出正确的决策，及时解决面临的问题，修正企业的发展方向，使企业长期保持活力，不断发展壮大，成为具有影响力的企业的才能。同时，还应该从社会发展的角度来界定创业者，那些建立了新的商业模式并获得了好的发展的企业，并且为其他企业的发展提供样板，为社会提供就业，不断带来财富的企业的创立者通常也被称为创业者。

（二）创业者的类型

创业的开始往往是基于一个好的想法或者创意，这样的创业被称为机会拉动型创业。一个好的创业者可以敏锐地发现创意后面暗含的商机，将创意转变成创业机会并建立起赢利模式。一些创业者在企业发展之初就能够为企业制定未来的发展战略。但是也有些创业者是在企业发展过程中与企业一起成熟的，他们随着企业的发展不断地修正发展方向并为企业带来持续的利润。

另外一些人的创业首先是从有创业的想法开始的,这些人怀着强烈的创业梦想,被创业热情驱动,梦想着自己可以成为自己的老板。尽管目前这些人还无法摆脱自己当前的职业束缚,但是他们总会寻找机会建立起属于自己的企业,并且取得相当高的成功率。这些人被称为热情驱动型的创业者。

不管基于何种驱动力,创业者的共同特征是都会将创业作为自己的人生愿景。愿景是指希望永远为之奋斗并达到的前景。它是一种意愿的表达,表明未来的目标、使命及核心价值,是人生最核心的内容,是最终希望实现的图景。分析创业者的共同特质就会发现创业者的愿景一般可以概括为以下几点:赚取更多的利润;获得更多的人生发展空间;体会成功的快乐;从事自己喜欢的事业;满足自我价值的提升。

创业愿景与实际情况之间有时会存在较大差距,不是每一个创业者都能获得成功或者有较大的收益,金钱的失去只是创业者要面对的最普通的问题之一。创业者在创业过程中还需要面对更多的困难,解决没完没了的难题。如资源的短缺、市场的开拓不利、合作伙伴的突然撤资等。如果创业失败,创业者可能面临一无所有甚至负债的局面。这也造成很多人在是否创业的问题上犹豫不定。但是创业的过程本身充满不确定性,又是一个创造的机会,这会给创业者带来许多创造的乐趣和丰富的生活体验,使创业者获得享受。因此,一个成功的创业者必定是一个乐于接受挑战,喜欢自己创造未来的人;即使失败,他们仍然能从中学习,并且快速地调整自己的创意,重新找到创业机会,可以称这些人为主动创业者。选择创业就意味着一生的选择,因此坚定目标、充满勇气应该是创业者的人生第一课。

(三) 创业者应具备的能力

创业者所做的第一步是为新的业务产生一项创意。创意的来源多种多样,互联网创业目前已经创造了很多创业机会并且产生了许多富有创新的企业。另外,在传统行业中,也会有许多新的创意产生。创业者需要做的是对其中可以产生的创业机会进行评估,并付诸实践,使之产生利润。一般情况下,创业活动对创业者的专业技能要求并不是很严格。虽然拥有专业技能可以使创业者更容易掌握核心技术,保持企业的先进性,但是过分关注技术也会造成对其他资源的忽视,使企业在管理和市场方面出现问题。实际上,并不是每一位创业者都具有本领域的专业技能。

在创业过程中,创业者需要做的事及具备的能力如下。

1. 发现新创意的能力

创新能力是创业者应该具备的能力。

2. 积极寻找创新来源的能力

创新能力是事业获得发展的动力源泉，创业者要有追求完美的意识，寻找新鲜的、未尝试过的解决方案。创业者要考虑创业的整个过程，从过程的纵向路径中找到创新点；也可以进行横向分析，从产品、市场、客户需求、公司管理及运营等角度来考虑创新。

3. 创意评估的能力

应该清楚，并不是每一个创意都能转变为商机。对创意的评估，是指分析、评价创意是否能转变为商机，是否能为创业者带来利润。如果没有利润，再好的创意也不能被实施。创业者需要考虑以下问题，这个创意过分、夸张吗？实践起来容易吗？有没有实践成果？是否是其他人早已考虑过的？如果这些问题都得到了圆满的回答，那么说明创意是基本可行的。

4. 将创意转变为商机并获得成功的能力

将创意真正变成商机是指创业者在通过市场分析后，经过确立产品与服务的方式，进行市场研究，制订合理的商业计划，确定启动资金，构建公司管理模式等一系列工作，启动并开始公司运营的过程。这一过程复杂而艰巨，有很多环节涉及商业知识和经验。

5. 制订资金计划，明确所需资源的能力

启动资金是指企业创建前期需要的资金投入。创业者需要对前期的成本投入有明确的认识，虽然创业者可以找专业人士来帮助自己，但是自己也应做到心中有数。公司的生存与发展，产品和技术是至关重要的，解决了产品的技术性与服务性问题，就需要关注销售，只有销售之后，才会有利润产生。公司的前期运行需要有足够的资金支持，因此创业者在执行计划的过程中必须谨慎考虑财务因素。公司开办之初常常会出现亏损，这就需要有足够的资金支持。创业者既要有可行的资金计划，也要有良好的心理素质。

（四）创业者的产生与培养

在当今知识经济高速发展的今天，传统雇佣制的经济与创业的界限也变得模糊起来，并且产生了大量介于雇佣制与创业者之间的自由职业者。而在当今社会中，由于信息的高速发展，社会的价值被大量分享，学习的成本降低，因此造就了社会的快速转型。当今社会最有价值的东西包括可以随意学习的知识和技能、有兴趣的工作、不断学习的机会、有效沟通的网络（包括虚拟世界的有效沟通）。正是这种变化为人们带来了创业的便利，改变了当今的创业环境。

当人们的创业活动不再与金钱单纯挂钩时，这种创业活动就会变得多姿多彩，创业动机也丰富起来。

(五) 如何获得创业的驱动力

在当今社会，创业活动对经济的推动作用有目共睹，从房地产的大亨到电子商务的巨头，再到开蛋糕店的普通创业者，这些创业者不仅通过创业为自己积累了大量的财富，同时也在创新与实践之间积极搭起了一座桥梁，改变了人们的生活。那么如何把梦想转变成内在的驱动力，这就需要在日常的生活中逐渐培养。

1. 关注世界的发展与变化

21世纪后半期，是世界发展变化最快的阶段。从计算机的应用到互联网时代的到来，从干细胞的研究到克隆技术的发展，世界进入了一个信息化、科技化的时代。这种发展带来了知识全球共享以及产品的全球化，这种巨大的改变使商业更加活跃，创业的种类更加繁多。目前保持竞争力已经不再单单依靠有限的技术，一个好的创意往往不受地域的限制，技术、资源甚至是专家团体也变得越来越容易得到，这对于创业者来说是一个有利的环境。例如，德国大众汽车公司可以将自己的生产线安排在中国，还可以将自己的销售公司建立在墨西哥，而它的总部在本国的沃尔斯。管理这个全球公司是一项巨大的挑战，但是互联网的出现，可以使一切有效的资源得到利用，因此管理难题也可以成功地被攻克。对于一个创业者来说，这意味着在生产和商机的获取上能得到更多的创意、激励和专家意见。

2. 技术的创新与淘汰

人们所处的世界中，充满了触手可及的全球性知识、经验、劳动力与资本。技术在迅速更新，这对于创业者来说既充满机遇，也是一种挑战。如今的技术突破已不再仅限于几所高校、科研单位，技术更新也将全球同步，因此可以说，产品生产周期的缩短与技术的落伍使专利技术失去了它的保护效力。而且，公司的竞争也不能再像早期一样依靠贸易保护、货币限制、某地优越的地理环境与廉价的劳动力条件。这些都促使创业者必须不断创新以保持竞争优势。创新不仅体现在产品上，而且也体现在商业活动及运营模式上，技术的创新已经成为创业的驱动力之一。

3. 解决顾客的迫切需求

创业的驱动力还来自针对顾客迫切需求的解决方案。当顾客在市场中发现某种不便或者某种需求未被满足时，就为创业者提供了一个创业的契机，这种顾客需求的满足方案可以催生一个好的创业项目。

4. 创意的获取与互联网的发展

电脑上网与百度搜索引擎的自动搜索技术，带来了全球知识的共享，而比互联网通信更为重要的是不受限制地获得最好的创意、技术、研究资源和专家团队。举个例子，网络世界可以支撑一个总部在深圳，基础设施建在上海、北京、广州，生产基地在东南亚，并在北美有销售部的生产企业。这个公司的员工组成也是全球化的，因此对其管理必将是一个挑战。对一个创业者来说，任何一项创业活动要想取得好的成效，都离不开互联网技术，更不用说单纯的互联网应用。互联网可以帮助创业者走得更远，但是需要记住的是，其他创业者也会有同样的想法。

5. 相似案例的不同解决方案

当其他人的创意获得成功的时候，你还能不能再创业呢？可以明确的是，创业者不会因某一行业的新技术或者新创意已经被运用而退缩。相反，如果一个创意获得成功，将会对整个行业甚至是整个经济领域带来不同程度的变化。举例来说，零库存的销售模式，不仅带给戴尔公司巨大的财富，而且改变了整个销售行业的现状，为整个商业环境注入了新的风气。这使创业者有更多的机会利用已经成熟的创新技术帮助自己创业。创业者需要学会思考，一旦有好的创新观念，需要考虑创新观念的原则还能应用于哪些方面。在此阶段，创业者不需要关注太多细节。而需要注意的是，对于那些失败的创新也要进行分析，以便使新的创新不会因为同样的原因而失败。

四、创业团队

（一）创业团队的含义

一般说来，创业者将创意转变成真正意义上的产品，使其进入市场并盈利，要从人、财、物等角度考虑公司的建设。人才的支持对于创业者来说不仅仅是创业资源，而且是创业成功的助推器。创业者在创业之初，就需要建设一支有凝聚力、工作效率高的团队来为自己的新创企业服务。

（二）创业团队的5P要素

1. 目标（Purpose）

目标是指团队应该有一共同的既定目标，为团队成员导航，知道要向何处去。没有目标，这个团队就没有存在的价值。作为创业团队，应将目标分为长期目标与短期目标。长期目标即公司的愿景，短期目标则是长期目标的分解。目标的完成过程，应当是所有团队成员共同努力的过程，而不能成为创业者自己奋斗的辛酸史。

2. 人（People）

人是构成团队最核心的力量，2个或2个以上的人就可以构成团队。目标是通过人员具体实现的,所以人员的选择是组建团队非常重要的一部分。一般来说,创业者都愿意选择那些技能最优、经验丰富的人员作为创业团队成员。当这些人员进入团队时,如何留住他们就成为摆在创业者面前的一个难题。如果处理不得当,就会造成人才的流失,这是创业过程中的普遍现象之一。

3. 定位（Place）

定位通常包含两个层次：团队在企业中的定位,是指团队在企业中所扮演的角色以及团队内部的决策力和执行力；成员在团队中的定位,是指团队成员在团队中扮演的角色及团队内部决策的制定和执行。

4. 权限（Power）

权限是指新创企业中职、责、权的划分与管理。一般来说,团队的权限与企业的大小、正规程度相关。在新创企业的团队中,核心领导者的权力很大；随着团队的成熟,核心领导者的权限会降低,这是一个团队成熟的表现。

5. 计划（Plan）

计划有两层含义：一是为保证目标的实现而制订的具体实施方案；二是计划在实施中又会分解出细节性的计划,需要团队共同努力完成。

以上是团队构成的要素。但是创业之初,创业者往往会面临很多困难,团队的建设并不像想象中的那样简单,这需要创业者有心理准备。有时创业过程会与团队组建一起完成,由于创业活动的特殊性,创业团队不必具备每一个因素。随着企业逐步发展成熟,团队建设也应该逐步完善,创业者应当时刻记得一句俗语——"三个臭皮匠,顶个诸葛亮",这正说明创业团队在创业过程中的重要性。

创业团队通常是在创业初期通过不断寻找形成的,团队成员共同参与从新创企业的创建到发展的整个过程并做出贡献。作为创业团队成员,共同参与创业过程,他们的思路会影响创业者的战略决策；并且,因为在经济上占有一定的股权,因此也承担一定的风险。虽然每个创业者的创业过程各不相同且具有不可复制性,但是在研究了中外众多的创业活动后仍然可以得出结论——一个人单打独斗的创业要比团队创业的成功率低得多。

（三）创业团队的优势与作用

创业者在寻找创业伙伴时首先应该考虑的是共同的理想,对创业活动同样有高度的热情和坚定的信心；与之相比较,对专业技术的要求并不是创业者首要考虑的因素。如果在技术上与创业者互补,可以减少前期的研发成本并且得到更多的创新想法；性格上具有互补性的合伙人在研究解决方案方面有更大的空间,在这一点上,团队创业比亲友合作创业更加具有优势。一方面，亲友之间的利益关系总是显得很尴尬，在绩效目标、利益分配上如果产生矛盾会波及整个家庭；另一方面，从心理学的角度分析，在面对团队成员时，人们更容易保持平等宽容的态度，能将自己的观点表达出来，因此更利于问题的解决。

团队可帮助创业者创业成功，但团队也存在一定的劣势，需要创业者认真对待，制订完善的计划扬长避短。在创业团队中，团队成员会投入部分资金作为企业的启动资金，资金的共同投入可以缓解创业初期资金的缺乏，也将团队的共同利益捆绑在一起，从而增加团队的凝聚力。但是如果在资金投入时没有制订一份合理的利润分配方案，在公司盈利之后就有可能会因为利益分配不均产生矛盾。创业者应学会未雨绸缪，在入股之前就应该制订出合理的股权分配方案。

另外，创业团队有时需要共同做出决策，如果对解决方案有不同意见但是又不能相互妥协，也会造成时机的延误，导致收入损失。解决这一问题，除了需要团队成员之间的宽容态度外，还需要有明确的职、责、权作为规范。作为创业领导者，应该有一定的判断力与决策力，能在多种方案中找到最合适的。在公司新创建的时候，资金匮乏，人员数量少，团队成员往往因为共同的创业理想而忽视一些个人利益，但是等到公司步入正轨、盈利显现时，个人利益的谋取想法就会凸显。如何处理此时的人际关系，对创业者来说，也是不小的考验。

创业者要十分注重选择能够与创业者自身劣势互补并符合企业需求的合伙人、关键的事业伙伴与管理者，这一点意义深远。

（四）组建一支优秀的创业团队的策略分析

创业团队的组建，没有统一的程式化规程。实际上，有多少支创业团队就有多少种团队建立方式，没有一支创业团队的建设是可以复制的。创业者走到一起，多是机缘巧合、兴趣相同、技术相同，同事、朋友甚至是有相同想法的人都可以合伙创业。

作为创业者如何找到一支适合自己的创业团队？一般来说，创业者在创建企业的同时，也在建立自己的创业团队。创建团队，就是一个寻找人才的过程。而新创企业自身的竞争实力难以与成功的大企业相比，并且所需的人才又要求较高，这就造成了创业团队的组建困境。创业者如何解决这个问题，是考验其领导才能的关键。一般来说，创业者不必非得得到最优秀的人员，"合适"才是最重要的。而且创业者在招聘的时候，并不是提供高薪就能吸引人才，新创企业的企业愿景、蓬勃的活力及优秀的企业文化才是吸引人才加入的决定因素。对于想加入创业的人员来说，创业者的个人魅力、公司的发展潜力、长远回报、个人价值等因素对他们的吸引远比单纯的金钱要大得多。在创建企业的过程中，创业者应遵循以下原则。

1. 具有共同的理想，利益兼顾

大学生创业时，一般首先会想到邀请与自己志同道合的同学、室友、同事加入，形成创业之初的合伙人团队，这是最初创业团队的形成方式之一。在创业过程中，尤其是创业初期，当公司的利润并不显现的时候，创业者与合伙人更多考虑的是公司的利益，友谊是维系他们之间关系的主要纽带。这种合伙人关系貌似牢固，但也有很大的弊病，即当企业发展步入正轨、运营平稳、利润增加的时候，个人的利益观念就会凸显出来，合伙人的一方会因为付出与得到的不相同或者以为不相同而产生情绪，导致离开团队并带走一部分利润，影响公司的继续发展。因此，在创建团队时，即使是最好的朋友也应该建立一个合理的利益分配制度并得到合伙人的支持。在公司创建的时候就应该考虑建立一个制度健全的公司组织形式与绩效制度，这样公司就不会因为某个人的离去而无法正常运作，从而为公司今后的发展打下良好的基础。

2. 打造互补型团队

建立一支互补型团队有利于公司的发展。高科技技术公司在建立之初，由于技术支持的重要性远高于其他方面，因此，大学生特别是理工科大学生在创立高科技技术公司时，更愿意找到一个技术方面的合伙人，以帮助自己提升产品与服务的优势。这种只关心产品与服务的做法实际上是错误的。在组建创业团队时，应该强调补缺性，这种补缺性是指在性格、能力、观念甚至是技术上的互补，因为创业者在公司的管理上不可能面面俱到。技术型的创业者需要一个管理人才帮助自己建立公司的组织结构并进行日常的绩效监督，财务的管理也需要专业的人员，当创业者自己不能做这些工作时，可以由团队成员共同提出解决方案。这种平衡和补充的作用可以保证新创企业健康地发展。

3. 打造稳定的初创团队

开始就拥有一支成功的、稳定的创业团队是每一个创业者的梦想。但现实是，创业合伙人解散的概率是很大的，即使企业成功地存活下来并得到发展，创业团队仍然有解散的可能，团队成员的离去有可能带走股份或者需要收购股权，造成公司的资金紧张。如果团队成员急于离开，创业者就应该考虑是不是公司的管理出了问题，并及时与团队成员沟通并解决问题。公司发展的初期团队成员的离开有时会造成"灾难性后果"，这点创业者应当在招募时就想到，并与团队成员做出约定。

4. 学会及时沟通

创业者在寻找创业团队时，首先应制订一份计划，至少应该在心里有一个明确的想法，对于你想要哪方面的人员，你希望他从事什么样的工作，你能够给予对方哪些有利条件等，都应该考虑清楚。招聘只是招募团队成员的一种方式，创业者可以参加一些所要招聘人员的活动，以便接触到这些人员，找到合适的人选。如何说服对方加入你的创业活动也是创业者需要考虑的问题，例如给他描述企业的发展前景，坦率地讲出你目前遇到的困境以激起他实现价值的渴望，都是十分有用的方法。沟通需要技巧，创业者应当成为一个沟通高手。通过沟通，可以使双方都了解彼此的需要，这样招聘时可以有针对性地找到合适的人选。

5. 寻找相同或相似背景的伙伴

创业团队的获得，虽然有很多种途径供创业者选择，但大学生创业者在招募创业团队时，更喜欢从自己的校友、室友、同学中寻找，这是最常见的大学生创业团队的招募方式。以这种方式组建的团队，成员之间因为有共同的理想、相同的教育背景以及多年的了解而有很多的默契，而且在个人与集体利益发生冲突时，成员之间也会很好地沟通，有利于问题的解决。但是以这种方式创建的团队，人员的搭配上会有些单调，例如，技术类的创业者往往首先找到的是相同的技术类人才，这是由自己的生活圈子决定的。一个有创业想法的人，应当有个完整的团队建设方案，并注重人员的配合，有意识地跳出自己生活的圈子，寻找一些与自己完全不同的人才，这样创业团队的人员才会配备得更完整。

6. 招聘是一条快捷、方便的寻找团队成员的途径

每个企业都会有招聘任务需要完成，但是创业团队与成熟企业不同，因此招聘团队成员与企业的日常招聘也不相同。新创企业在待遇上无法与成熟的企业相比，但是新创企业会有很多机会与挑战，对有着相同创业理想的人和希望实现自己价值的人来说，这些远比薪资待遇更加有吸引力。但是，完全不提薪资也是不应该的，如果只靠理想、愿景来集合团队成员，也是不现实的。

（五）团队管理的策略

新创企业的管理实际包含公司组织、生产服务、市场营销等几个方面，新创企业的管理重点一般会落在生产管理、市场、服务等环节上，而往往会忽视团队的建设与管理。这种做法是不科学的。如何管理创业团队呢？主要有以下几点。

1. 注重团队凝聚力

团队凝聚力是指群体中成员之间为实现共同目标而实施团结协作的程度，团队凝聚力表现在人们的个体动机行为对群体目标任务所具有的信赖性、依从性乃至服从性上。在创业过程中，团队所有成员都认同整个团队是一股密切联系而又缺一不可的力量。团队的利益高于团队每一位成员的利益，如果团队成员能够为团队的利益而舍弃自己的小利，则团队凝聚力极强。

2. 合作第一

虽然在创业团队中，每一位成员都可以独当一面，但是合作仍然是成员首先要学会的东西。成功的创业公司中，团队的成功远远高于个人的成功，创业者与团队核心成员相互配合、共同激励。

3. 致力于价值创造

团队的每一位成员都致力于价值的创造，大家想尽办法解决问题，一旦决策方案提出，大家都会执行。每一位成员在公司从成长期发展到成熟期的过程中，都尽力做好，在这一过程中，各成员不但获得了丰厚的物质回报，同时个人的技能也得到提升。

4. 分享成果

在新创企业中，一般的做法是将公司的股份预留出 10%~20%，作为吸引新的团队成员的股份。团队中不仅要有资金的分享，还要有理念、观点、解决方案的分享。

5. 重视绩效考核

绩效是指给评估者和被评估者提供所需要的评价标准，以便客观地讨论、监督、衡量绩效。绩效管理可以使团队成员明确自己的职、责、权与团队的目标和计划，明确自己的角色与承担的工作，同时也可以根据自己的价值对自己的薪资产生期待。

关于团队中的角色扮演，一般是指在团队中承担的不同责任，根据职、责、权来划分不同的角色。在团队中，扮演好自己的角色至关重要，这涉及团队的运作效率以及核心凝聚力。

6. 充分发挥决策者的作用

决策者的角色一般由企业的拥有者承担，他们不但对问题进行决策，而且承担决策产生的后果，所以在公司做出每项重要的决策时，决策者通常都会在决策前召集团队成员讨论解决方案。作为团队中的决策者，如果大家的意见与决策者相左，就应该重新分析方案的可行性，并对方案进行修改。决策的主要内容是公司发展的长期目标与一定阶段的计划，还有一些是与公司发展相关的重大决策。

7. 明确执行者的任务

执行者是根据公司制订的业务计划和目标，从职能领域安排自己的工作和计划，细化、量化自己的工作，具体执行决策者的决策。

在新创企业中有时会遇到团队成员出现职、责、权混淆的情况，这时就需要制定出规范化的企业制度保证团队成员的工作；而且企业的拥有者也应该时刻记得自己的角色分配，需要明确的是，决策者的角色并不是一成不变的，决策者应首先以一个执行者要求自己，只有当自己完成方案时，才能将方案交给其他执行者去执行。

第六章 大学生创业机会与创业资源

第一节 创业机会

一、创业机会的内涵与构成要素

创业机会是指有利于创业的一组条件的形成情况。这组条件至少包含如下要素。

第一，某个细分市场存在或新形成了某种持续性需求。

第二，拟创业者开发了或持有有助于满足前述市场需求的创意。

第三，创业者有能力、有资源，可实施所持有的创意。

第四，创业者将自己的创意转变为具体的产品或服务，不需要大规模的资金（轻资产）和大的团队（小团队）。

当这四个要素都得到满足之时，才可认为客观上存在或形成了某种创业的机会。

不能简单地将商机认作创业机会。如果这种商机不是可持续的，而是昙花一现的，创业者都还没有起步行动，这样的商机可能就已经消失了。针对特定的商机，创业者如果不能开发出可与之匹配的创意，这样的商机也不能被视为创业机会，因为既无创意，何谈创业。

如果创业者能够开发出与特定市场需求相匹配的创意，但实施相应的创意需要较大规模的资金（重资产）和团队（大团队），则这样的商机也不能被视为创业机会。因为创业者起步之初，多数缺的是资金和众多的追随者。需要重资产、大团队的商机，只是规模达到一定固值的企业的商机，创业者如硬要跟进这样的商机，多数会溃败而归。

基于以上描述，我们不难看到，创业机会本质上是商机、创意、轻资产、小团队四种要素的有机组合。

二、商机和市场回应的重要性

创业的本质是创新，创业也是创新的实现方式之一。创新分为需求拉动型创新和技术推动型创新。相应地，创业也可分为商机诱发型创业和创意推动型创业。在这两类创业中，商机都是不可或缺且极为重要的要素。

商机诱发型创业，即细分市场中出现了某种持续性需求的商机，由此诱发了创业者推动创业的后续相关环节，诸如创意构想、获取资源与起步实施、市场回应。在这类创业中，发现市场商机是创业的逻辑起点。

创意是具有一定创造性的想法或概念，既可能具有商业价值，也可能不具备商业价值。创业需要的是有较大商业价值的创意。创意推动型创业，即创业者开发了某种自认为可为用户创造并传递价值的创意，基于此推动创业的后续环节，诸如甄别可以开发的细分市场、获取资源与起步实施、市场回应。在这类创业中，细分市场是否存在显在或潜在商机，是创意是否有商业价值的试金石。

由前述不难看到，创业绕不开商机。没有商机，创业者就没有必要继续前行。

市场回应也是商机诱发型创业和创意推动型创业共有的环节。市场回应程度，即市场接受创业者推向市场的产品或服务的程度。只有在市场加大程度地接受创业者推向市场的产品或服务的情况下，创业者的努力才可能实现它的货币价值。市场回应可以在一定程度上检验、甄别创业者对于细分市场商机判断的准确程度。

三、创业机会的来源

狄更斯曾经说过，机会不会上门来找人，只有人去找机会。创业既可能是自然生成的，也可能需要创业者自己去创造，且多数是后一种情况。创业者要想赢得创业机会，那就需要搞清并关注创业机会的来源。

第一，创业机会本质上来源于变化和创新。如前所述，创业机会是指有利于创业者创业的一组条件的形成。在这组条件中，市场的变化、创业者的创意，是创业机会不可或缺的要素。因此，创业机会本质上来源于变化和创新。典型的是，马云遇到并抓住了很好的创业机会，一是因为当时有着中小型企业对于电子商品B2C平台的强劲需求，这就是市场的商机；二是马云也恰好构建了可为中小型企业提供这类服务的平台。

第二，变化主要是市场的变化或技术的发展。没有变化，就不会有机会。创业机会本质上源于变化和发展，发展本身也蕴含了变化。这里所指的变化，或是市场的变化，诸如新需求的产生、市场供求关系的转变、市场竞争态势的变化等。若无这些变化，就无所谓商机。基于此，创业者要想发现并抓住某个创业机会，首先应高度关注市场的相关变化。这里所指的变化，也包括技术的发展。市场需求或其竞争关系变了，往往意味着新的、独特的需求产生了。欲获取市场需求变化创造的盈利空间，商家（企业或创业者）即需要借助于技术或商业模式方面的创新来获取利润。这时，技术的发展就发生了。由此可见，某个创业机会的形成，往往伴随着市场和技术近乎同期的变化。

四、创业机会识别

（一）创业机会识别的一般过程

1. 创业机会识别是为了应对并化解机会的不确定性

创业机会是四种要素的有机组合，每个要素自身都有不确定性，这就使创业机会也会有一定程度的不确定性。

第一，客观上，特定商机具有不确定性。商品市场的不确定性是司空见惯的现象。典型的是，原本市场上需要某种商品，但"半路杀出个程咬金"，某种替代品的出现，可能导致原本有需求的商品这时就没有需求了，于是，前面出现的商机就消失了。可见，商机的不确定性是常见的现象。

第二，特定创意与商机的匹配关系具有不确定性。创意与商机的匹配，客观上是一个动态的过程。创业者主观上期望自己的创意与客观上存在的商机相匹配，但创意是创业者的创造性的智力成果，创意的客观效果与主观期望往往存在差异，这就可能使特定创意与商机的匹配关系处于不确定的状态。

第三，创业者是否有能力实施相应的创业，也具有一定的不确定性。创业者利用特定商机与创意的匹配关系而实施自己的创业，多数会认为自己有能力将相应的创业推向前进。但即便是经验丰富的创业者，也只有真正步入创业之后，才会证实自己的能力是否真的与客观需要一致。

第四，创业者能否获得创业所需要的资源，更具有不确定性。创业者不可能起步之初即拥有创业所需要的所有资源，而是需要从核心团队之外的个人或机构（含企业）获取相应的资源（人、财、物）。但是，资源是需要通过市场交易才可能获得的。创业者需要的某些资源，可能在创业者可触及的范围内，根本就不存在相应的供给者；也可能存在创业者需要的各种资源的潜在供给者，但在潜在供给者认为将相关资源提供给创业者有可能伤害自己的利益时，他们就不会将相关资源提供给创业者。

既然上述四种要素都具有不确定性，则创业机会必然也具有不确定性。创业机会识别的动因之一，就是应对并化解机会的不确定性。凡事预则立。为规避或减少创业机会的不确定性，创业者需要进行创业机会的辨识，且理性识别机会有助于规避或化解创业的风险。

2. 创业机会识别的特殊性

创业机会识别具有一定程度的特殊性。这主要表现为以下几点。

首先，创业机会不同于一般性商机。最为基本的是，创业机会有四种要素，即适当的商机、有价值的创意、可得的资源、团队的能力。创业机会与一般性商机有三个差别。一是创业机会要求特定商机是可持续的，蕴含着可持续的增长需求；而一般性商机，可以是昙花一现的。二是创业机会要求创业者有创意，进而通过实施相应的创意为客户创造价值；而一般性商机多数要求商家有现成的产品，用既有产品去满足客户的需求。三是创业机会要求商家（新创企业）拥有小团队（对应能力）、轻资产（对应资源），即可从事相应商业活动；而一般性商机的利用，往往要求商家是大团队、重资产。创业机会与一般性商机的这三个差别，使创业机会识别需要有别于一般性商机识别的一套知识体系。

其次，创业机会识别是一个反复探索的过程。创业机会不同于一般性商机，创业机会的内在结构复杂于一般性商机，这就使创业机会识别难于一般性商机识别。特别是，一般性商机多数是显在的，而创业机会多数是潜在的。这更加使创业机会识别远难于一般性商机识别，进而使创业机会识别成为一个需要反复探索的过程。创业者一是需要深入调研、甄别细分市场商机，并精细构思、设计自己的创意；二是要反复考察、论证创意、商机两者的匹配程度；三是需要反复调查分析能否在恰当的时间获得实施相应创意所需要的资源和能力。

最后，创业机会识别是将"创业的冲动"变为"理性的创业"的关键环节。理性的创业者如果没有发现适当的创业机会，多数决不会贸然创业。而那些简单地将一般性商机理解为创业机会的人，多数会陷入盲目创业的冲动之中。因为还没有发现适当的创业机会，即从一般性商机出发而创业，很可能遇到潜在的竞争者特别是既有企业的竞争。如果创业者发现的一般性商机是昙花一现的，则创业还没有实质性起步，可能商机就已经消失了，新创企业要么需要重新去发现真正的创业机会，要么只能被淘汰出局。由此不难看到，创业机会识别是将"创业的冲动"变为"理性的创业"的关键环节。

3. 创业机会识别的主要环节

无论是商机诱发型创业，还是创意推动型创业，创业机会识别都需要经历如下识别环节。

环节一，商机的价值性分析——商业价值。

商机的价值性分析，就是分析特定商机所对应的市场需求规模与结构，特别是该商机刚刚形成时的需求规模与结构（简称"起始规模与结构"）、可能的客户群、客户群的人文特征，以及哪些客户有可能成为新创企业的目标客户、哪些客户有可能成为目标客户中的领先客户。领先客户是新创企业未来应该首先开发的客户，并需要借助领先客户的"示范效应"进一步去开发其他目标客户。商机总是针对细分市场而言的，不同细分市场上商机的商业价值是不同的。但凡成长型行业中的商机，未来会有较大的商业价值。而萎缩型行业中的商机，不管该行业是"相对萎缩"还是"绝对萎缩"，对创业者而言，这样的行业中的商机多数不是可取的商机。因为既然行业在萎缩，具体商机对应的市场需求也不会有多大的价值。

环节二，商机的时效性分析——机会持续时间与市场成长性。

适合创业的商机，一定要有持续性和成长性。商机的时效性分析，也就是分析特定商机的持续时间与市场需求的成长性。商机的持续时间，即特定商机所对应的市场需求有可能持续多长时间。无疑，相应的市场需求持续越久，新创企业越是值得去追逐这样的商机。所谓商机的成长性，实际上是指特定商机所对应的市场需求的成长性。仅当创业者所面对的市场需求从长期趋势上看会持续成长的情况下，市场上才可能容纳较多的企业，从而新创企业也才会有较大的成长空间。一般而论，新创企业在市场需求成长最快的时间段（简称"机会窗口"）向市场推出自己的产品或服务，才有可能尽快在市场中立足，进而为未来的成长奠定基础。

环节三，机会要素的匹配性分析——商机、创意、资源能力的匹配程度。

前述多处指出，创业机会是适当的商机、有价值的创意、可得的资源、团队的能力四者的有机组合，当且仅当这四种要素处于匹配的状态时，对特定的创业团队而言，相应的商机才能够被称为创业机会。基于此，创业机会的识别，还需要进行四种要素的匹配性分析。在这里，商机与创意之间的匹配是最基本的，如果这二者不匹配，此时的商机自然不能被视为创业机会，且其他要素之间的匹配性就无须分析了。如果商机与创意之间是匹配的，接下来就需要分析创业者的能力是否与自己的创意相匹配，即创业者是否有能力实施相应的创意，以及创业者是否能掌握实施该创意所需的资源。如果自己的能力、掌控的资源不足以实施相应的创意，则这时的商机也不构成创业机会。

环节四，机会的风险收益性分析。

多数机会都伴随着风险。因为有风险，也会有收益。故如前述三个环节的考察、分析，创业者都得出了"yes"（即"这是一个适合本团队的创业机会"）的判断，这时就需要进行机会的风险收益分析，以判断"固然是适合自己的创业机会，但该机会是否好到值得自己冒险而为"的问题。当且仅当机会的风险收益大到某种程度，诸如创业者"满意"的程度，创业者才值得放心地冒险起步、启动创业。否则，就得回到第一个环节，以寻找、发现更具价值、更为恰当的创业机会。

(二) 相关因素对于创业机会识别的影响

1. 创业者对于创业机会基本特征的认识

至少到目前，仍有不少创业者简单地将细分市场中的某个商机误以为就是创业机会，更没有认识到创业机会是适当的商机、有价值的创意、可得的资源、团队的能力四者的有机组合。可见，首先会影响创业机会识别的，是创业者对于创业机会基本特征的理解是否到位，特别是对于具体商机的价值性、时效性、四种要素的匹配性，及四者匹配的风险收益性的认识是否恰如其分。

2. 创业者的先前经验

创业者的先前经验，即创业者以往的创业实践和其他商业实践，会给创业者沉淀一些商业经验，这对创业者识别创业机会形成了一些影响。一般而论，创业者的商业实践越是丰富，则越是会从四种要素的匹配上理解、考察和认识创业机会；反之，创业者的商业实践越是粗浅，越是会片面地理解、考察和认识创业机会；特别是，此前创业者在商业实践中的位置高低，也会影响创业者对于创业机会认识的全面程度和深刻程度。

另外，创业者此前的"成功实践"和"受挫实践"，也会影响创业者的机会识别。如果创业者先前的商业实践中有诸多的"成功实践"，这通常有助于他恰当地分析和认识新的商机，去面对新的创业机会，创业者多会抱有积极的心态，在理性分析的基础上，选择适合自己的创业机会。如果创业者先前的商业实践中有诸多的"受挫实践"，这通常会使他看不到新的商机，甚至面对很恰当的创业机会，创业者也多会抱有难以作为的顾虑，进而很可能放弃原本适合自己的创业机会。在后一种情况下，有诸多的"受挫实践"的创业者，可能更适合加入他人的创业团队。

3. 创业者对领域知识的掌握程度

现代经济已进入"后工业社会"，领域知识对于创业活动的推动和组织越来越重要，相应地也影响到创业者的创业机会识别能力。例如，一个精通软件技术的创业者，对于软件行业的创业机会识别能力，多数情况下会强于不懂软件技术的创业者。道理很简单，精通软件技术的创业者，通常对软件行业的某个细分市场领域也会有较多了解，从而令他对这个软件细分领域的供求态势、竞争态势等多会有较为清晰的认识，在把握该细分市场的创业机会方面，他也就会有较为独到的优势。相反，在该领域缺少专业、行业、市场知识的创业者，则很难拥有相近于前者的创业机会识别能力。基于此，创业者应该在自己更有专业领域知识的细分行业来发现创业机会。

4. 创业者的悟性及灵感

悟性即对事物理解、分析、感悟、觉悟的能力，也是指触类旁通的思维方式。悟性的基本功能，即直接认识因果关系，由效果过渡到原因，由原因过渡到效果。灵感是指人们在探索过程中由于某种机缘的启发，而突然出现的豁然开朗、精神亢奋、取得突破的心理现象。灵感会给人们带来意想不到的创造，它并不被人们的理智所控制，具有突然性、短暂性、亢奋性和突破性等特征。相应地，富有悟性和灵感的创业者，通常能比他人更快、更深刻地认识所遇到的创业机会。例如，马云通过参加前对外经贸部的"电子口岸"项目，发现了创建电子商务公共服务平台的创业机会。而在马云认识到这一创业机会的同时，今天的其他电子商务创业者当时还被"蒙在鼓里"。这就是其他人与马云在悟性和灵感上的差异。当然，灵感是人们通过知识、经验、思索与智慧综合实践而积淀的心理能力。创业者要想借助于悟性和能力更为恰当地识别创业机会，就需要在相关商业实践中持续培育和提升自己的悟性和灵感。

（三）创业机会识别的技巧——从寻找细分市场商机做起

创业者的创业机会识别能力和识别效果受到前述四类因素的影响。其中，创业者对于创业机会基本特征的认识，影响创业者机会识别的全面性；创业者的先前经验，影响创业者的机会识别能力和机会选择态度；创业者对领域知识的掌握程度，影响创业者机会识别的宽度和深度；创业者的悟性及灵感，决定创业者机会识别的效率和准确程度。既然创业机会识别受到这么多因素的影响，创业者就有必要掌握一些创业机会识别的技巧。创业机会首先是细分市场的商机。所以，创业机会识别首先应关注细分市场中的商机，其中最为重要的是从"国民经济行业分类的第四级分类"中寻找商机。

1. 寻找适合本团队的第一级分类中的行业

在中国国民经济行业分类标准中，第一级分类（按26个英文字母）分为A（农、林、牧、渔业）到T（国际组织）共20类。其分别为：A—农、林、牧、渔业；B—采矿业；C—制造业；D—电力、热力、燃气及水生产和供应业；E—建筑业；F—批发和零售业；G—交通运输、仓储和邮政业；H—住宿和餐饮业；I—信息传输、软件和信息技术服务业；J—金融业；K—房地产业；L—租赁和商务服务业；M—科学研究和技术服务业；N—水利、环境和公共设施管理业；O—居民服务、修理和其他服务业；P—教育；Q—卫生和社会工作；R—文化、体育和娱乐业；S—公共管理、社会保障和社会组织；T—国际组织。在这20个大行业中，都可能存在商机。

2. 寻找适合本团队的第二、三级分类中的行业

假设创业者拟在制造业中创业，接下来应在C类（制造业）中寻找商机。C类又分为

C13（农副食品加工业）到 C43（金属制品、机械和设备修理业）等 31 个第二级分类（此不赘述）。假设创业者看好制造业中的食品制造业，那就是 C14。而 C14（食品制造业）又可进一步细分为 C141（焙烤食品制造）到 C149（其他食品制造）等几个第三级分类。具体为 C141（焙烤食品制造）、C142（糖果、巧克力及蜜饯制造）、C143（方便食品制造）、C144（乳制品制造）、C145（罐头食品制造）、C146（调味品、发酵制品制造）……C149（其他食品制造）。创业者就需要在这些第三级分类中的行业进一步选择适合自己的行业。

3. 寻找适合本团队的第四级分类中的行业

如果创业者拟在食品制造业的第三级分类的 C145（罐头食品制造）中创业，那就需要进一步审视在 C1451（肉、禽类罐头制造）、C1452（水产品罐头制造）、C1453（蔬菜、水果罐头制造）……C1459（其他罐头食品制造，指婴幼儿辅助食品类罐头、面食品类罐头及上述未列明的罐头食品制造）第四级分类行业中，哪个有"貌似"适合本团队的商机。

4. 对所选择的第四级分类行业调研可能的市场需求

假设创业者选择了第四级分类 C1453（蔬菜、水果罐头制造），那就需要思考本团队可能为市场提供的蔬菜、水果罐头的具体品种。接下来，就需要在清晰地界定本团队产品的相关特征的基础上，调研产品的潜在客户是哪些社会群体，诸如根据年龄、性别、职业、收入等人口特征进行分析。一旦发现某类社会群体可能是你的产品的潜在目标客户，接下来就需要分析他们的消费特征有哪些，购买特征是什么，市场需求规模与结构又会怎样，以及目标客户中哪些更小的群体有可能成为"乐于最先享用"你产品的领先客户。

进而，还需要调研并分析相应的市场需求可能持续多长时间，市场起始需求规模可能有多大，市场饱和时的需求规模可能有多大，由起始需求规模达到饱和需求规模的过程会有哪些阶段性特征。如前所述，只有能够持续若干年（商机的时效性），起始需要规模能够接纳你的所有产品（按产量计），需求增长速度大于你的产量增长速度，未来饱和需求规模能够容纳多家同行企业的商机（商机的价值性，多家企业进入并竞争是不可避免的），才是有前景、有价值的商机。

5. 进行全面的四种要素匹配分析和风险收益分析

通过前述四步分析，发现了有价值的细分市场商机，接下来就需要分析细分市场商机、创业者的创意、创业团队的能力、创业者可得的资源等四者的匹配程度。一是分析创业者的创意（诸如产品、服务、商业模式等）与细分市场商机的匹配程度。只有二者匹配时，创业者未来提供给市场的产品或服务才可能得到市场即客户的青睐。二是分析创业团队的能力、创业者可得的资源二者能否保障创业者的创意有效实施。只有当能力和资源二者能够保障创意的有效实施时，创意与商机的匹配才能落到实处，创业者才有可能为市场提供具有客户价值的产品或服务。否则，一切都是空想。

第二节　创业资源基本内容

一、创业资源的内涵与种类

（一）创业资源的内涵

1. 创业资源的定义

创业的前提条件之一就是创业者拥有或者能够支配一定的资源。所谓资源，依照目前战略管理中很有影响的资源基础理论（RBT）的观点，企业是一组异质性资源的组合，而资源是企业在向社会提供产品或服务的过程中，所拥有的或者所能够支配的用以实现自己目标的各种要素以及要素组合。

概括地讲，创业资源是企业创立以及成长过程中所需要的各种生产要素和支撑条件。对创业者而言，只要是对其创业项目和新创企业发展有所帮助的要素，都可归入创业资源的范畴。创业资源之于创业活动的重要意义不仅局限在单纯的量的积累上，应当看到创业过程实质上是各类创业资源重新整合，支持企业获取竞争优势的过程。从这一角度看，创业活动本身是一种资源的重新整合。

2. 创业资源在创业过程中的作用

在此将创业过程分为企业创立之前的机会识别过程和创立之后的企业成长过程，分别考察创业资源在每个阶段中如何发挥作用。

（1）机会识别过程

机会识别与创业资源密不可分。从直观的含义上看，机会识别是要分析、考察、评价可能的潜在创业机会。

（2）企业成长过程

企业创立之后，一方面，创业者仍需要积极地从外界获取创业资源，另一方面，已经获取的创业资源在企业发展过程中逐渐被整合、利用。资源整合对于创业过程的促进作用是通过创业战略的制定和实施来实现的。丰富的创业资源是企业战略制定和实施的基础和保障，同时，充分的创业资源还可以适当校正企业的战略方向，帮助新创企业选择正确的创业战略。

（二）创业资源的分类

1. 创业资源按其来源分类

创业资源按其来源可以分为自有资源和外部资源。自有资源是指创业者或创业团队自身所拥有的可用于创业的资源，如自有资金、技术、创业机会信息等。外部资源是指创业者从外部获取的各种资源，包括从朋友、亲戚、商务伙伴或其他投资者筹集到的创业资金、经营空间、设备和其他原材料等。自有资源的拥有状况（特别是技术和人力资源）会影响创业资源的获得和作用。

2. 创业资源按其存在形态分类

创业资源按其存在形态可以分为有形资源和无形资源。有形资源是具有物质形态的、价值可用货币度量的资源，如组织赖以存在的自然资源以及建筑物、机器设备、原材料、产品、资金等。无形资源是具有非物质形态的、价值难以用货币精确度量的资源，如信息资源、人力资源、政策资源以及企业的信誉、形象等。无形资源往往是撬动有形资源的重要手段。

3. 创业资源按其性质分类

（1）人力资源

包括创业者与创业团队的知识、训练、经验，也包括组织及其成员的专业智慧、判断力、视野、愿景，甚至是创业者、创业团队的人际关系网络。创业者是新创企业中最重要的人力资源，因为创业者能从混乱中看到市场机会。创业者的价值观和信念，更是新创企业的基石。合适的员工也是创业人力资源的重要部分，因此，高素质人才——技术人员、销售人才和生产工人等的获取和开发，便成为企业可持续发展的关键因素。

（2）社会资源

主要指由于人际和社会关系网络而形成的关系资源。社会资源可以是人力资源的一部分，或者说是特殊的人力资源。社会资源对创业活动非常重要，因为社会资源能使创业者有机会接触到大量的外部资源，有助于透过网络关系降低潜在的风险，加强合作者之间的信任和口碑。开发社会资源是创业者的重要使命。

（3）财务资源

包括资金、资产、股票等。对创业者来说，财务资源主要来自个人、家庭成员和朋友。由于缺乏抵押物等多方面原因，创业者从外部获取大量财务资源比较困难。

（4）物质资源

指创业和经营活动所需要的有形资产，如厂房、土地、设备等。有时也包括一些自然资源，如矿山、森林等。

（5）技术资源

包括关键技术、制造流程、作业系统、专用生产设备等。通常，技术资源包含三个层次：一是根据自然科学和生产实践经验而发展成的各种工艺流程、加工方法、劳动技能和诀窍等；二是将这些流程、方法技能和诀窍等付诸实现的相应的生产工具和其他物资设备；三是适应现代劳动分工和生产规模等要求的对生产系统中所有资源进行有效组织和管理的知识、经验和方法。技术资源与智慧等人力资源的区别在于，后者主要存在于个人身上，会随着人员的流动而流失，技术资源大多与物质资源结合，可以通过法律手段予以保护，形成组织的无形资产。

（6）组织资源

包括组织结构、作业流程、工作规范、质量系统。组织资源通常指组织内部的正式管理系统，包括信息沟通决策系统以及组织内正式和非正式的计划活动等。一般来说，人力资源需要在组织资源的支持下才能更好地发挥作用，企业文化也需要在良好的组织环境中培养。组织资源来自创业者或其团队对新创企业的最初设计和不断调整，同时包括对环境的适应和对成功经验的学习。由于创业过程通常被解释成组织的形成过程，所以对新创企业来说，组织资源是具有标志性意义的一类资源。

4. 创业资源按其对生产过程的作用分类

创业资源还可以按照其对生产过程的作用分为生产型资源和工具型资源。生产型资源直接用于生产过程或用于开发其他资源，例如物质资源，像机器、汽车或办公室，被认为直接用于生产产品或提供服务；工具型资源则被专门用于获得其他资源，例如财务资源，因为其具有很大的柔性而被用于获得其他资源，比如用来获得人才和设备。产权型技术可能是生产型资源，也可能是工具型资源，这要根据其所依存的条件，如果依赖于某个人则可能是工具型资源，如果是以专利形式存在的则可直接用于生产过程。需要指出的是，对新创企业来说，个人的声誉资源和社会网络也属于工具型资源，有些时候市场资源也可以用来吸引其他资源，因此我们也将其归为工具型资源。

5. 创业资源按其在创业过程中的作用分类

创业研究学者通常将创业资源划分为两类：一类是运营型资源，主要包括人力资源、技术资源、资金资源、物质资源、组织资源和市场订单资源等；另一类是对新创企业生存和发展具有关键作用的战略型资源，主要指知识资源。知识型社会给企业带来了持续而深远的影响，知识成为企业进行生产、竞争的关键，企业组织工作的重要任务是战略性地开发和利用知识资源。由于新创企业的高度不确定性及创业者和资源所有者之间的信息不对称性，知识资源对运营资源的获取和利用具有促进作用。

另外，还有学者将创业资源分为离散资源和系统资源两种类型。离散资源的价值相对独立于组织环境，合同和专业技能则属于这类资源。系统资源的价值则体现在这种资源是网络或系统的组成部分，比如分销网络或团队能力，其价值依赖于所处的系统环境。

（三）不同类型创业活动的资源需求

创业活动可以根据不同标准分为不同类型，不同的创业活动对于创业资源的需求类型、整合方式各不相同，为了揭示创业过程中动机、机会与资源的作用机理，有的学者定义了新创企业三种资源获取模式，即技术驱动型、人力资本驱动型和资金驱动型，其含义是以三种资源中其中一种相对充裕并优先获取的资源为核心和驱动力，以此带动其他两种资源向新创企业聚集的资源获取模式。

技术驱动型资源获取模式是创业者最先拥有技术资源，或者创业初始，技术资源较为充裕并带动其他资源向企业聚集。在该模式下，创业者以拥有的核心技术为基础，根据技术开发的需要获取、整合和利用资源。

人力资本驱动型资源获取模式是指创业者以拥有的团队为基础，通过发挥团队特长或根据机会开发的需要来获取、整合和利用资源的模式。很多职业经理人创业采用这一模式，即工作一段时间后再创业的创业活动很多也是以原工作单位的工作伙伴以及积累的工作技能为基础。先有了一个相互默契的工作团队，再寻找一个适合的创业项目，促成创业的成功。

资金驱动型资源获取模式是指创业者最先拥有资金，或者创业初始资金较为充裕并带动其他资源向企业采集的资源获取模式。在该模式下，创业者以其拥有的资金为基础，通过寻找和资金相匹配的项目，进而对其进行开发来获取、整合和利用资源。很多大型企业的内部创业多采用资金驱动型资源获取模式，他们有着充沛的资金，有发现新商机的独到眼光，于是通过新产品的研发或新技术的购买开始新一轮的创业活动。

除此以外，新创企业在发展的不同时期，需要的资源类型和数量可能会有所不同，不同资源在企业不同发展阶段的作用也不相同。

二、创业资源获取的途径与技能

（一）创业资源获取的途径

获取创业资源的途径分为市场途径和非市场途径两大类。当创业所需要的资源有市场，或者有类似的可比资源进行交易时，可以采用市场交易的途径；其他情况下则采用非市场交易的途径。

1. 通过市场途径获取资源

通过市场途径获取资源的方式包括购买、联盟和并购等。

购买是指利用财务资源通过市场购买的方式获取外部资源，主要包括购买厂房、装置、设备等物质资源，购买专利和技术聘请有经验的员工等。需要注意的是，诸如知识尤其是隐性知识等资源虽然可能会附着在非知识资源之上，通过购买物质资源（如机器设备等）得到，但很难通过市场直接购买，因此，需要新创企业通过非市场途径去开发或积累。对创业者来说，购买资源可能是其最常用的资源获取方式，大部分资源，尤其是物质资源、技术资源、人力资源等都可以通过从市场上购买的方式得到。

联盟是指通过联合其他组织，对一些难以或无法自己开发的资源实行共同开发。这种方式不仅可汲取显性知识资源，还可汲取隐性知识资源。但联盟的前提是联盟双方的资源和能力互补且有共同的利益，而且能够对资源的价值及其使用达成共识。通过联盟的方式共同研究开发获取技术资源也是创业者经常采用的方式，尤其是对高科技企业来说，通过与高等院校和研究机构的联盟，可以在不增加设备投入的同时，及时得到企业发展所需要的技术资源，使企业保持可持续发展的后劲。

并购是通过股权收购或资产收购将企业外部资源内部化的一种交易方式。并购的前提是并购双方的资源尤其是知识等新资源具有比较高的关联度。并购是一种资本经营的方式，它可以帮助创业者缩短进入一个新领域的时间，从而及时把握商机，实现创业目标。

2. 通过非市场途径获取资源

通过非市场途径获取资源的方式主要有资源吸引和资源积累等。

资源吸引指发挥无形资源的杠杆作用，利用新创企业的商业计划，通过对创业前景的描述，利用创业团队的声誉来获得或吸引物质资源（厂房、设备）、技术资源（专利、技术）、资金和人力资源（有经验的员工）。创业者在接触风险投资或者技术拥有者的过程中，可以通过对创业前景的描述或团队良好声誉的展示，获得资源拥有者的信任和青睐，从而吸引其主动将拥有的资源投入新创企业之中。

资源积累指利用现有资源在企业内部通过培育，形成所需的资源。其主要包括自建企业的厂房、装置、设备，在企业内部开发新技术，通过培训来增加员工的技能和知识，通过企业自我积累获取资金等。创业者很多时候会采用资源积累的方式来筹集企业所需的人力资源或技术资源，通过资源积累的方式获取人力资源可以作为一种激励方式，激发创业团队或企业员工的工作积极性，提高工作效率；通过资源积累的方式获取技术资源，则可以在获得核心技术优势的同时，保护好商业机密。

无论通过市场途径还是非市场途径取得资源，主要依赖于资源在市场中的可用性和成本等因素。若能够证明快速进入市场会带来成本优势,则外部购买可能就是获取资源的最佳方式。

获取资源贯穿创业的全过程,在创业的初始阶段,它具有更加重要的作用。对多数新创企业来说,由于初始资源禀赋的不完整性,创业者需要取得资源供应商的信任来获取资源。但无论如何,采用多种途径同时获取不同资源总是正确的选择。

(二) 创业资源获取的技能

成功的创业活动必须对机会、创业团队和资源三者进行最适当的匹配,并且还要随着事业的发展而不断进行动态平衡。创业过程由机会启动,在创业团队建立以后,就应该设法获得创业所必需的资源,这样才能顺利实施创业计划。为了合理获取、利用资源,创业者往往需要制定设计精巧、用资谨慎的创业战略,而创业团队则是实现创业这个目标的关键组织要素,为此创业者或创业团队必须具有高超的领导力和沟通能力,能够适应市场环境的变化。

1. 沟通

为了获取创业资源,创业者及其团队应该有较好的人际沟通能力、沟通技巧,建立顺畅的人际沟通机制。

沟通能力是指一个人能够用有效的和适当的方法进行沟通的能力。有效性即沟通行为有助于个人目标、关系目标实现的程度;适当性即沟通行为与情境和关系限制保持一致的程度。有效性和适当性是评价沟通能力水平的重要指标。

沟通技巧,是指参与沟通的人具有收集和发送信息的能力,能通过书写、口头与肢体语言的媒介,有效地与明确地向他人表达自己的想法、感受与态度,亦能较快、正确地解读他人的信息,从而了解他人的想法、感受与态度。沟通技巧涉及许多方面,如简化运用语言、积极倾听、重视反馈、控制情绪等。虽然拥有沟通技巧并不意味着一定会成功获取创业资源,但缺乏沟通技巧一定会使创业者遇到许多麻烦和障碍。

在获取资源的过程中,与各方沟通是必不可少的,因此创业者及其团队必须与各方建立顺畅的沟通机制,派出有一定沟通能力的团队成员负责与各方沟通,这是成功获取创业资源的关键因素。有研究结论可以很直观地证明沟通的重要性,即两个70%,同样适用于创业者获取资源这一任务。

第一个70%是指企业的管理者实际上有70%的时间用在沟通上。开会、谈判、谈话、工作报告是最常见的沟通形式,撰写报告实际上是一种书面沟通的方式,对外各种拜访、约见也都是沟通的表现形式,所以说有70%的时间用在沟通上。

第二个70%是指企业中70%的问题是由沟通障碍引起的。比如企业常见的效率低下问题，实际上往往是有了问题、出了事情后，大家没有沟通或不懂得沟通所引起的。另外，企业中执行力差、领导力不高的问题，归根到底都与沟通能力的欠缺有关。无论是人与人之间还是企业与企业之间的良好感情的建立，都是双方持续不断地顺畅沟通的结果。创业者获取资源、整合资源的过程就是与新创企业内外部的资源供给者充分沟通的过程。在企业外部，创业者需要与外部的投资者、银行、媒体、同行从业者、消费者、供应商等通过沟通建立联系，获得信任，消除利益分歧，争取对方的扶持与帮助，取得共赢的结果；在企业内部，创业者需要通过顺畅沟通，鼓舞士气，吸引人才、留住人才，进而提升企业运营绩效。

2. 战略领导力

尽管学术界对创业者能力的组成要素有不同的认识，但是对创业者在战略方面的领导能力认识却大体一致。创业者战略领导能力是创业者能力与新创企业战略管理过程的契合点，是创业者能力在企业战略管理各个阶段中体现出的一种独特的思考型实践能力，包括战略思维能力、战略决策能力、战略规划能力和战略控制能力。

新创企业成长伴随着不断的创新和创业活动，扩大企业经营规模，实现从创业期走向成长期，受到知识、经验和资源有限的约束，在起步阶段解决不确定性和模糊性问题成为创业成长最棘手的问题。新创企业与大企业不同，不能依赖市场的惯性取得成功，不能错误地使用资源，新创企业要想获得生存并持续成长，应该很清晰地看到所处的竞争环境，更应该考虑商业战略。

新创企业的创立与创业者个人的追求目标、价值观和创业能力是密不可分的，这也成为新创企业最初的战略愿景。新创企业的企业家需要具有出色的言语表达能力，把自己创新的想法不断传输给企业的各个部门；需要将企业的战略意图适当地向企业外界表达出来，以此获取企业所需要的资源。因此，在新创企业获取资源、整合资源过程中，如果创业者具备战略领导能力，则容易打动资源所有者。

第三节 创业融资

一、创业融资分析

（一）创业融资的概念

融资是指资金的融通。狭义的融资，主要是指资金的融入，也就是通常意义的资金来源,具体是指通过一定的渠道、采用一定的方法、以一定的经济利益付出为代价,从资金持有者手中筹集资金,组织对资金使用者的资金供应,满足资金使用者在经济活动中对资金需要的一种经济行为。广义的融资,不仅包括资金的融入,也包括资金的运用,即包括狭义的融资和投资两个方面。创业融资是指创业者为了将某种创意转化为商业现实,通过不同渠道、采用不同方式筹集资金以建立企业的过程。创业者应该根据新创企业在不同发展阶段的资本需求特征,结合创业计划以及企业发展战略,合理地确定资本结构以及资本需求数量。

(二)创业融资的重要性

任何企业的生产经营活动都需要资金的支撑。尤其是对新创企业来说,在企业的销售活动能够产生现金流之前,企业需要技术研发,需要为购买和生产存货支付资金,需要进行广告宣传,需要支付员工薪酬,还可能需要对员工进行培训;另外,要实现规模经济的效应,企业需要持续地进行资本投资;加上产品或服务的开发周期一般比较漫长,就使新创企业在生命早期需要大量筹集资金。

对创业者来说,创业融资的重要性主要表现在以下三个方面。

第一,资金是企业的血液。资金不仅是企业生产经营过程的起点,更是企业生存发展的基础。资金链的断裂是企业致命的威胁。

第二,合理融资有利于降低创业风险。新创企业使用的资金,是从各种渠道借来的资金,都具有一定的资金成本。因此,合理选择融资渠道和融资方式,有利于降低资金成本,将新创企业的财务风险控制在一定范围之内。

第三,科学的融资决策有利于企业可持续发展,为新创企业植入"健康的基因",保证新创企业的可持续发展。

(三)创业融资难的原因

许多调查显示,缺少创业所需资金及创业资金筹集困难是创业者面临的最大挑战。创业融资难的主要原因是新创企业的不确定性大、信息不对称以及资本市场欠发达等。

1. 新创企业的不确定性大

相对于成熟的企业,新创企业在资产、销售和雇员等方面处于弱势,存在高度的不确定性。不确定性客观上反映了企业技术、产品或商业模式成功的可能性,进而影响风险投资提供资本的意愿和方式(无论是一次性全部提供还是分阶段注入);而且,不确定性还将使新创企业与外部投资者签订依赖特定条件或状态的合同变得困难,进而增加了外部融资的成本。所以，创业活动本身的不确定性，使得外部投资者难以判断商业机会的真实价值和创业者把握机会的实际能力。

2. 企业和资金提供者之间的信息不对称

融资过程中企业和资金提供者之间的信息不对称主要表现在以下三个方面。

第一，创业者处于信息优势。创业融资中的信息不对称表现为创业者比投资者对创业活动的创意、技术、商业模式、自身能力、团队素质、产品或服务、企业的创新能力和市场前景等了解多，从而处于信息优势，投资者则处于信息劣势。

第二，创业者倾向于对创业信息进行保密。创业者在融资时，出于担心商业机密泄露的考虑，往往倾向于保护自己的商业机密及其开发方法。特别是进入门槛低的行业的创业者更是如此。这样，创业者对创业信息的隐藏会增加投资者对信息甄别的时间和成本，使其在有限信息的条件下难以判断项目优劣，进而影响其投资决策。

第三，新创企业的经营和财务信息具有非公开性。新创企业或者处于筹建期，或者开办时间较短，缺乏或只有较少的经营记录，企业规模一般也较小，经营活动透明度较差，财务信息具有非公开性，这些特征使潜在投资者很难了解和把握创业者和新创企业的有关信息。

3. 资本市场欠发达

与发达国家相比，中国的资本市场仍然不够完善，缺少擅长从事中小企业融资的机构和针对新创企业特点的融资产品，对企业上市的要求较高，产权交易市场不够成熟，高素质的投资群体尚未形成，致使新创企业的融资受到一定的限制。

4. 创业融资难的其他原因

与既有企业相比，新创企业在融资方面还具有明显劣势，包括缺少相应的抵押和助保，单位融资成本较高，资金的安全性难以评估，创业者的人力资本定价困难，等等。

创业者主导的创业融资行为与创业者个人或团队拥有或控制的资源程度相关。因此，创业者的融资能力、创业导向以及创业者的社会网络会影响到融资成功的可能性。

二、创业融资渠道

融资渠道是指企业筹集资本来源的方向与通道，体现资本的源泉和流量。融资渠道主要由社会资本的提供者及数量分布决定。了解融资渠道的种类、特点和适用性，有利于创业者充分利用和开拓融资渠道，实现各种融资渠道的合理组合，有效筹集所需资金。目前中国创业融资渠道主要包括私人资本融资、机构融资、风险投资、政府扶持基金、知识产权融资。

(一) 私人资本融资

1. 个人积蓄

尽管有些创业者没有动用过个人资金就办起了企业，但这种情况非常少见。这不仅因为从资金成本或企业控制权的角度来说，个人资金成本最为低廉，而且因为创业者在试图引入外部资金时，外部投资者一般都要求企业必须有创业者的个人资金投入其中。所以，个人积蓄是创业融资最根本的渠道，几乎所有的创业者都向他们新创办的企业投入了个人积蓄。

个人积蓄的投入对新创企业来说具有非常重要的意义。首先，创业者个人积蓄的投入，表明了创业者对于项目前景的看法，只有当创业者对未来的项目充满信心时，他才会毫无保留地向企业投入自己的积蓄；其次，将个人积蓄投入企业，是创业者日后继续向企业投入时间和精力的保证，投入企业的积蓄越多，创业者越会在日后的生产经营过程中对企业更加关注；再次，个人积蓄的投入是对债权人债权的保障，由于在企业破产清算时，债权人的权益优于投资者的权益，所以，企业能够融到的债务资金一般以投资者的投入为限，创业者投入企业的初始资金是对债权人债权的基本保障；最后，个人积蓄的投入有利于创业者分享投资成功的喜悦。因此，准备创业的人，应从自我做起，较早地将自己收入的一部分储蓄起来，作为创业储备资金。

创业者可以通过转让部分股权的方式从合伙人那里取得创业资金，创办合伙公司。或通过公开或私募股权的方式，从更多的投资者那里获得创业资金，成立公司制企业。将个人合伙人或个人股东纳入自己的创业团队，利用团队成员的个人积蓄是创业者最常用的筹资方式之一。

就中国的现状而言，家庭作为市场经济的三大主体之一，在创业中起到重要的支持作用。以家庭为中心，形成的以亲缘、地缘、商缘等为经纬的社会网络关系，对包括创业融资在内的许多创业活动产生重要影响。因此，创业者及其团队成员的家庭储蓄一般归入个人积蓄的范畴。

对许多创业者来说，个人积蓄的投入虽然是新创企业融资的一种途径，但并不是根本性的解决方案。一般来说，创业者的个人积蓄对新创企业而言总是十分有限的，特别是对新创办的大规模企业或资本密集型的企业来说，几乎是杯水车薪。

2. 亲友资金

对新创企业来说，除了创业者个人积蓄外，其身边亲朋好友的资金是最常见的资金来源。亲朋好友由于与创业者个人的关系而愿意向新创企业投入资金，因此，亲友资金是创业者经常采用的融资方式之一。

在向亲友融资时，创业者必须用现代市场经济的游戏规则、契约原则和法律形式来规范融资行为，保障各方利益，减少不必要的纠纷。第一，创业者一定要明确所融集资金的性质，据此确定彼此的权利和义务。若融集的资金属于亲友对企业的投资，则属于股权融资的范畴；若融集的资金属于亲友借给创业者或新创企业的，则属于债权融资。由于股权资本自身的特性，创业者对于亲友投入的资金可以不用承诺日后的分红比例和具体的分红时间；但对于从亲友处借入的款项，一定要明确约定借款的利率和具体的还款时间。第二，无论是借款还是投资款项，创业者最好能够通过书面的方式将事情确定下来，以避免将来可能产生的矛盾。

除此之外，创业者还要在向亲友融资之前，仔细考虑这一行为对亲友关系的影响，尤其是创业失败后的艰难困苦。要将日后可能产生的有利和不利方面告诉亲友，尤其是创业风险，以便将来出现问题时将对亲友的不利影响降到最低。

3. 天使投资

天使投资指个人出资协助具有专门技术或独特概念而缺少自有资金的创业家进行创业，并承担创业中的高风险和享受创业成功后的高收益，或者说是自由投资者或非正式风险投资机构对原创项目构思或小型新创企业进行的前期投资，是一种非组织化的创业投资形式。

天使投资一词源于纽约百老汇，特指富人出资资助一些具有社会意义的演出的公益行为。对那些充满理想的演员来说，这些赞助者就像天使一样从天而降，使他们的美好理想变为现实。后来，天使投资被引申为一种对高风险、高收益的新兴企业的早期投资。天使资本主要有三个来源，分别为曾经的创业者、传统意义上的富翁、大型高科技公司或跨国公司的高级管理者。在部分经济发展良好的国家中，政府也扮演了天使投资者的角色。

（二）机构融资

1. 银行贷款

比较适合创业者的银行贷款形式主要有抵押贷款和担保贷款两种，此外还有政府无偿贷款担保、中小企业间互助机构贷款及其他贷款方式。缺乏经营历史和缺乏信用积累的创业者，比较难以获得银行的信用贷款。

（1）抵押贷款

抵押贷款指借款人以其所拥有的财产作抵押，作为获得银行贷款的担保。在抵押期间，借款人可以继续使用其用于抵押的财产。抵押贷款有以下几种：①不动产抵押贷款，不动产抵押贷款是指创业者以土地、房屋等不动产作抵押，从银行获取贷款；②动产抵押贷款，动产抵押贷款是指创业者可以用机器设备、股票、债券、定期存单等银行承认的有价证券，以及金银珠宝首饰等动产作抵押，从银行获取贷款；③无形资产抵押贷款，无形资产抵押贷款是一种创新的抵押贷款形式，适用于拥有专利技术、专利产品的创业者，创业者可以用专利权、著作权等无形资产向银行作抵押或质押获取贷款。

(2) 担保贷款

担保贷款指借款人向银行提供符合法定条件的第三方保证人作为还款保证的借款方式，当借款人不能履约还款时，银行有权按照约定要求保证人履行或承担清偿贷款连带责任。其中较适合创业者的担保贷款形式有：①自然人担保贷款，自然人担保贷款是指经由自然人担保提供的贷款，可采取抵押、权利质押、抵押加保证三种方式；②专业担保公司担保贷款。

目前各地有许多由政府或民间组织的专业担保公司，可以为包括新创企业在内的中小企业提供融资担保，像北京中关村担保公司、首创担保公司等。其他省市也有很多此类性质的担保机构为中小企业提供融资担保服务，这些担保机构大多属于公共服务性非营利组织，创业者可以通过申请，由这些机构担保向银行借款。

(3) 中小企业间互助机构贷款

中小企业间互助机构贷款是指中小企业在向银行融通资金的过程中，根据合同约定，由依法设立的担保机构以保证的方式为债务人提供担保，在债务人不能依约履行债务时，由担保机构承担合同约定的偿还责任，从而保障银行债权实现的一种金融支持制度。担保可以为中小企业的创业和融资提供便利，分散金融机构的信贷风险，推进银企合作。

(4) 其他贷款

创业者可以灵活地将个人消费贷款用于创业，如因创业需要购置沿街商业房，可以用拟购置房子作抵押，向银行申请商用房贷款；若创业需要购置轿车、卡车、客车、微型车等，还可以办理汽车消费贷款。除此之外，可供创业者选择的银行贷款方式还有托管担保贷款、买方贷款、项目开发贷款、出口创汇贷款、票据贴现贷款等。

2. 非银行金融机构贷款

非银行金融机构指以发行股票和债券、接受信用委托等形式筹集资金，并将所筹资金运用于长期性投资的金融机构。根据法律规定，非银行金融机构包括经中国银行监督管理委员会批准设立的信托公司、企业集团财务公司、金融租赁公司、汽车金属公司、货币经纪公司、境外非银行金融机构驻华代表处、农村和城市信用合作社、典当行、保险公司、小额贷款公司等机构。创业者可以从这些非银行金融机构取得借款，征集生产经营所需的资金。

（1）保单质押贷款

保险公司为了提高竞争力，也为投保人提供保单质押贷款。保单质押贷款最高额度不超过保单保费积累的70%，贷款利率按同档次银行贷款利率计息。

（2）实物质押典当贷款

当前，有许多典当行推出了个人典当贷款业务，借款人只要将有较高价值的物品质押在典当行就能取得一定数额的贷款。典当费率尽管要高于银行同期贷款利率，但对急于筹集资金的创业者来说，不失为一个比较方便的筹集渠道。典当行的实物质押典当贷款一般是质押品价值的50%~80%。

（3）小额贷款公司

小额贷款公司是由自然人、企业法人与其他社会组织投资设立，不吸收公众存款。经营小额贷款业务的有限责任公司或者股份有限公司，发放贷款坚持"小额""分散"的原则。小额贷款公司发放贷款时手续简单，办理便捷，当天申请基本当天就可放款，可以快速解决新创企业的资金需求。

3. 交易信贷和融资租赁

交易信贷指企业在正常的经营活动和商品交易中由于延期付款或预收贷款所形成的企业间常见的信贷关系。企业在筹办期以及生产经营过程中，均可以通过商业信用筹集部分资金，如企业在购置设备、原材料、商品过程中，可以通过延期付款的方式在一定期间内免费使用供应商提供的部分资金，在销售商品或服务时采用预收账款的方式免费使用客户的资金等。

创业者也可以通过融资租赁的方式筹集购置设备等长期性资产所急需的资金。融资租赁实质上是指转移与资产所有权有关的全部或绝大部分风险和报酬的租赁。资产所有权最终可以转移，也可以不转移，融资租赁是集融资与融物、贸易与技术更新于一体的新型金融业务。由于其融资与融物相结合的特点，出现问题时租赁公司可以回收、处理租赁物，因而在办理融资时对企业资信和担保的要求不高，所以非常适合中小企业融资。此外，融资租赁属于"表外融资"，不体现在企业财务报表的负债项目中，不影响企业的资信状况，对需要多渠道融资的中小企业非常有利。据统计，西方发达国家25%的固定资产几乎都来自租赁。企业在筹建期通过融资租赁的方式取得急需设备的使用权，解决部分资金需求，获得相当于租赁资产全部价值的债务信用，一方面可以使企业按期开业，顺利开始生产经营活动；另一方面又可以解决创业初期资金紧张的局面，节约初期的资金支出，将用于购买设备的资金用于主营业务的经营，提高企业现金流量的创造能力。同时融资租赁分期付款的性质可以使企业保持较高的偿付能力，维持财务信誉。

4. 从其他企业融资

尽管在大多数情况下，企业是资金的需求者而不是提供者，但是对于不同行业的企业，或者在企业发展的不同时期，部分企业还是会有暂时的闲置资金可以对外提供，尤其是一些从事公用事业业务的企业，或者已经发展到成熟期的企业，现金流一般会比较充足，甚至会有大量资金需要通过对外投资的方式实现较高收益。对于有闲置资金的企业，创业者既可以吸收其资金作为股权资本，也可以向这些企业借款，形成期权资本。

（三）风险投资

风险投资是由专业机构提供的投资于极具增长潜力的新创企业并参与其管理的权益资本。从定义上可以看出，中美关于风险投资的界定有所不同，其投资对象也有一定的差别，这是因为中国是一个发展中国家，很多行业方兴未艾，所以传统行业像零售、农产品之类的，虽然没有技术含量，但拥有一个广阔的、快速发展的市场，使这些传统行业的市场增长速度和回报率并不低于高科技行业。所以，中国的风险投资不仅会投资高科技项目，也对传统领域，如教育、医疗保健这样的项目感兴趣。

1. 风险投资的特点

（1）以股权方式投资

风险资本的投资对象是处于创业期的中小型企业，尤其是新兴高科技企业，而且常常采取渐进投资的方式，选择灵活的投资工具进行投资，在投资企业建立适应创业内在需要的"共担风险、共享收益"的机制。

（2）积极参与所投资企业的创业过程

许多风险投资家一般对其所投资的领域有丰富的经验，经常会积极参与投资企业的生产经营过程，弥补所投资企业在创业管理经验上的不足，同时控制创业投资的高风险。

（3）以整个新创企业作为经营对象

风险投资不经营具体的产品，而是通过支持创建企业并在适当时机转让所持股权，获得未来资本增值的收益。与企业投资家相比，风险投资虽然对企业有部分介入，但其最终目的是监控而非独占，他们看重的是转让后的股权升值而非整体持有的百分比。

（4）一种组合投资

风险投资的对象是处于创业时期的高新技术领域的中小企业，几乎没有盈利的历史可供参考，失败率也很高。因此，风险投资取得高回报，必须实行组合投资的策略，投资一系列的项目群，坚持长期运作，通过将成功的项目出售或上市回收的价值来弥补其他失败项目的损失，并获得较高的收益。

2. 风险投资选项的原则

风险投资对目标企业的考察较为严格，一般来说，在其所接触的企业中，大约只有 2%~4% 能够最终获得融资。因此，创业者要提高获得风险投资的概率，需要了解风险投资项目选择的标准。

有人将风险投资选项的原则总结为创业投资的三大定律。第一定律，绝不选取含有超过两个以上风险因素的项目，对于创业投资项目的研究开发风险、产品风险、市场风险、管理风险、创业成长风险等，如果申请的项目具有两个或以上的风险因素，则风险投资一般不会予以考虑。第二定律，$V = P \cdot S \cdot E$，其中，V 代表总考核值，P 代表产品或服务的市场大小，S 代表产品或服务的独特性，E 代表管理团队的素质。第三定律，投资 V 最大的项目，在收益和风险相同的情况下，风险投资将首先选择那些总考核值最大的项目。

根据风险投资的潜规则，一般真正的职业风险投资者是不希望控股的，他们更多地希望创业管理层能对企业拥有绝对的自主经营权。因此创业者在创业初期选择风险投资时要拿适量的钱，以便未来在企业需要进一步融资时，不至于稀释更多的股份而丧失对企业的控制权。前面提到的天使投资也是广义的风险投资的一种，但狭义的风险投资主要指机构投资者。

3. 创业者获得风险投资的渠道

创业者获得风险投资的渠道主要有以下几种。

(1) 给投资人发邮件

想获得风险投资最简单的方法就是给投资人发邮件，一般的风险投资都有自己的网站，上面公布了自己的邮箱，创业者可以将自己的创业想法或者商业计划书发到公开的邮箱中，期待能够得到投资者的关注，并最终获得投资。采用这种方式的成本最低，但效率也最低；虽然风险投资者会关注投到邮箱的邮件，但是那些递交给投资机构的商业计划书，成功融资的只有 1%。

(2) 参加相关行业的会议或者创业训练营

这些会议上或训练营上会有很多投资人，创业者可以利用茶歇或者休息的时间尽可能地接触较多的风险投资者，或者接触自己感兴趣的投资者。这种方式的优点是在短时间内能够见到很多的投资者，但由于时间短，不一定有机会认识或结识他们，另外，这种场合对创业者的说服能力要求较高。

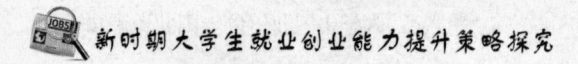

(3) 请朋友帮忙介绍

如果有朋友做过融资的,或者已经得到风险投资的,可以请他们帮忙介绍,这种方式较前两者成功的概率稍大,毕竟接受过风险投资并且取得经营成功的人的介绍本身就是一种名片,投资者可以借由介绍人的介绍对创业者或创业项目有一定了解,通过对介绍人的了解对创业者给以初步的肯定。但是,这种方式接触的面可能较窄,朋友认识的投资者可能并不是创业者需要的类型,而真正适合的人未必是朋友认识的人。

(4) 聘用投行帮助做融资

通过投行或融资中介的帮助寻找风险投资的成功率较高,一是他们对活跃的投资人很了解,能够帮助创业者和投资者进行沟通;二是信誉高的投行本身就为创业者的项目成功性增加了砝码;三是投行会运用自己的经验帮助创业者挑选更合适的投资人。但是采用这种方式的成本也较高。

三、创业融资的选择策略

(一) 创业融资原则

1. 合法性原则

创业融资作为一种经济活动,影响着社会资本及资源的流向和流量,涉及相关经济主体的经济权益,创业者必须遵守国家的相关法律法规,依法依约履行责任,维护相关融资主体的权益,避免非法融资行为的发生。

2. 合理性原则

在创业的不同时期,企业资金的需求量不同,能够采用的融资方式可能也不同。创业者应根据创业计划,结合新创企业不同发展阶段的经营策略,运用相应的财务手段,合理预测资金需要量,详细分析资金的筹集渠道,确定合理的资本结构,包括股权资金和债权资金的结构,以及债权资金内部的长短期资金的结构等,为企业持续发展植入一个"健康基因"。

3. 及时性原则

市场经济条件下机会稍纵即逝的特性,要求创业者必须能够及时筹集所需资金,将可行的项目付诸实施,并根据新创企业投放时间的安排,使融资和投资在时间上协调一致。避免因资金不足影响生产经营的正常进行,同时也防止资金过多造成的闲置和浪费,将资金成本控制在合理的范围之内。

4. 效益性原则

创办和经营企业的根本目的是获得一定的经济利益,所以创业者应在进行成本效益分析的基础上决定资金筹集的方式和来源。鉴于投资是决定融资的主要因素，投资收益和融资成本的对比便是创业者在融资之前要做的首要工作，只有投资的报酬率高于融资成本，才能够使创业者实现创业目标；而且投资所需的资金数量决定了融资的数量，对于创业项目创业资金的估计也会影响融资方式和融资成本。因此，创业者应在充分考虑投资效益的基础上，确定最优的融资组合。

5. 杠杆性原则

创业者在筹集创业资金时，应选择有资源背景的资金，以便充分利用资金的杠杆效应，在关键的时候为企业发展助力。大多数优秀的风险投资往往在企业特殊时期会与企业家一起，将有效的资源进行整合，如选择投行、券商，进行 IPO 路演等。

（二）股权融资决策

股权融资形成企业的股权资本，也称权益资本、自有资本，是企业依法取得并长期拥有，可自主调配运用的资金。广义上的股权融资包括内部股权融资和外部股权融资。外部股权融资的方式包括个人积蓄、亲友资金、合伙人资金和天使投资等。内部股权融资主要是企业的内部积累。

新创企业在创建的启动阶段及较早发展阶段，内部积累显得格外重要。采用内部积累方式融资符合"融资优序理论"的要求，也是很多创业者的必然选择。内部积累的资金来源主要是企业在经营过程中赚取的利润。鉴于新创企业在资金实力、经营规模、还款能力等方面的限制，新创企业往往会通过不分红或少分红的方式，将企业的经营利润尽可能地通过未分配利润的形式留存下来，投入再生产过程，为持续经营或扩大经营提供必要的资金支持。

股权融资是新创企业最基础，也是创业者最先采用的融资方式。股权融资的数量会影响债权融资的数量，股权融资的分布会影响新创企业未来利润的分配与长远发展。创业者在进行股权融资决策前应了解增加获得股权融资概率的方法，融资决策时应考虑投资者的特点和专长。

1. 股权融资需考虑的问题

创业者是否要通过合伙或组建公司的形式筹集资金，对于企业日后的产权归属和企业发展有着极为重要的作用。由于合伙企业既是资合又是人合，所以对于合伙人的选择更为重要，如果创业者拟吸收合伙人的资金，则一定要认真考虑合伙人的专长和经验，以更好地发挥团队优势，各尽其才。在吸引风险投资商投资时，创业者要分析其声誉的大小、专注投资的领域及其对投资企业的态度，选择最适合企业发展的投资商。

无论通过何种方式吸引股权投资，对合作者的专长和特质都要进行充分了解，以期更长久的合作，谋求企业更好的发展；另外，对企业控制权的把握也是创业者必须考虑的因素，转让多少控制权能够既吸引投资又有利于对企业日后经营的控制，是创业者必须慎重选择且关乎企业健康发展最重要的问题之一。

2. 增加获得股权融资的机会

无论是吸收合伙人资金、组建公司还是吸收其他企业或风险资本的投资，要增加获得股权资本的概率，需要创业者具有以下基本条件。

（1）有一个好的项目

一个好的项目是吸引股权资本的基本条件，创业者首先应能够找到一个吸引人的、有着广阔发展前景和足够利润空间的项目，且能证明自己有足够的实施该项目的能力。

（2）有自己在该项目的投入

创业者对项目的投入，可以是资金方面的（包括房屋、装备等固定资产的投入），也可以是其他方面的，如技术和劳务的投入，创业者对项目的投入证明了其对项目的信心。

（3）有较高的逆商

游说他人在自己看好的项目上投资，需要创业者具备足够的应对拒绝和应付挫折的勇气。创业者应该多进行尝试，包括多次申请或向多个潜在投资者申请，尤其是在吸引风险投资上。创业者一方面应多联系一些投资公司，并且有针对性地提供自己的商业计划；另一方面应对自己联系的投资公司进行跟进，以增加获取资金的机会。

（三）债权融资决策

债权融资形成企业的债务资本，也称借入资本，是企业依法取得并依约运用，按期偿还的资本。向亲友借款、向银行借款、向非银行类金融机构借款、交易信贷和租赁、向其他企业借款等是常用的债权融资方式。

创业者可以根据企业需要，结合筹集资金的目的，选择筹集长期或短期的资金。一方面，使资金的来源和运用在时间上相匹配，提高偿还债务的能力；另一方面，尽可能地降低资金的筹集成本，提高新创企业的经济效益。

1. 债权融资需考虑的问题

创业者如果想通过借款的方式筹集资金，需要从以下几个方面进行分析。

第一，考虑经营过程中的获利是否能够超过借款的利息支出及其他费用的支出。如果企业在日后的经营过程中赚取的利润能够支付借款的利息和其他费用支出，且还有剩余，则借款经营对企业较为有利，可以给创业者带来财务杠杆收益。

第二，慎重考虑借款期限。借入资金的归还期限应与其投资的资产回收期限相匹配，保证企业在日后归还投资时，不会影响正常的生产经营。

第三，确定合理的借款金额。借款经营成本较低且具有财务杠杆效应，但每期会有固定的资金支出。创业者在决定借款前一定要对其风险和收益进行充分权衡，并根据企业实际的资金需要量确定一个合适的借款金额。

第四，充分考虑借款可能的支出。对创业者来说，想获得借款，一般都需要提供抵押或担保，如果创业者缺乏债权人认可的抵押资产，则可以申请担保公司为其借款进行担保。但担保公司作为营利性的企业会收取部分担保费用，如果创业者拟通过担保公司担保的方式取得借款，还需要将担保公司的担保费用计入未来的经营成本，以有效地避免可能面临的风险。

第五，选择合适的银行。创业者应事先通过各种渠道对银行的风险承受力、银行对借款企业的态度等信息进行了解，以选择最适合新创企业借款的银行。

2. 增加获得债权融资的机会

增加获得债权融资的机会，需要创业者首先了解债权人在发放贷款时主要考虑的因素，以便有针对性地进行应对；此外，还要从团队、项目、商业计划等方面做好充分的准备。

（1）了解债权人在评估贷款申请时考虑的问题

一般来说，贷款人在收到借款人的借款申请后，会从许多方面对借款人的资质进行评估，以决定是否放款。这些因素包括以下几个方面。

第一，借款人的信用。银行在评审企业贷款申请时，要考虑借款人的信用6C，即借款人品质（Character）——考察申请人对待信用的态度，包括过去的信用记录；偿还能力（Capaity）——审查申请人的收入情况以确定其是否有能力偿还借款；资本结构（Capital）——审查申请人的个人财产，包括存款、不动产及其他个人财产；经营条件（Conditions）——地区、国家的经济状况对贷款的难易程度有很大影响；担保物（Collateral）——是否有担保和抵押财产以及这些财产的质量也是银行要考虑的重要方面；事业的连续性（Continuity）——借款企业持续经营的前景。银行要考虑借款人能否在日益竞争的环境中生存与发展。在信用6C中，借款人的品质最为重要。

第二，贷款类型和还款期限。贷款机构会考虑借款人的贷款类型，是短期借款（期限在1年以内的借款）还是长期借款（还款期超过1年以上的借款），同时还要对借款人提出的还款方案进行分析，以确认借款人的还款能力。

第三，贷款目的和用途。贷款人为保证自己的资金安全，一般会对贷出资金的用途进行规定并要求借款人不能将资金用于法律法规限制或禁止的项目上，力求资金的使用符合规定用途。

第四，资金的安全性。除了对借款人的以上情况进行考察外，贷款机构还会对创办企业未来的销售情况和现金流状况进行预测，以分析企业未来是否有足够的现金流用于偿还贷款本息。

（2）从团队、项目等方面进行充分准备

不论从何处筹集债权融资，创业者要增加获取款项的可能性，都需要具备一些基本的条件，并从以下几个方面入手。

第一，优秀的创业团队。创业者是创办企业的核心和关键因素，优秀的创业团队是项目成功实施的保障，创业团队需要证明其具备经营企业的能力，需要向贷款机构（人）展示其具备拟开展业务领域里的经验或知识，以吸引债权人的目光和资金。因为债权人的资金可能会投给具有一流团队和二流项目的企业，但一般不会投给具有一流项目和二流团队的企业。所以，优秀的创业团队是吸引债权人资金的首要条件。

第二，可行的企业想法。吸收债权人资金的第二个要件是创业团队要拥有一个可行的企业想法。一个好的企业想法是实现创业者愿望和创造商业机会的第一步，但只有经过评估可行的企业想法才能够成为商业机会，给创业者带来经济和社会效益。

第三，完善的商业计划。创业者应该首先能够证明自己有明晰的企业战略，并且有通往成功之路的切实可行的行动计划。创业者或创业团队除了具备可行的企业想法外，还必须能够将具体的企业想法细化到每一个步骤、每一个预算，将其落实到具体的商业计划之中。完善的商业计划是创业者吸引资金的重要文件。创业者应该请专业人士帮其准备一份使金融机构感到值得研究的商业计划，增加获得贷款的可能性。

第四，高质量的抵押资产。按照《贷款通则》第十条的规定："除委托贷款以外，贷款人发放贷款，借款人应当提供担保。"处于筹备期或初创期的企业，一般不符合贷款人要求的资信条件，难以取得信用贷款，而需要以一定的资产做抵押。如果创业者或其团队成员拥有高质量的抵押资产，则其取得贷款的概率会大大提高。

（四）融资方式的比较

无论是股权融资还是债权融资均具有一定的优点，也存在着不足。创业者要熟悉不同融资方式的利弊，考虑不同情况下的融资成本，以便做出科学的融资决策。

1. 不同融资方式的利弊

通过股权融资方式获得的资金既可以充实企业的营运资金，也可以用于企业的投资活动。通过债权融资所获得的资金，企业首先要承担资金的利息，另外在借款到期后要向债权人偿还资金的本金。

债权融资的资金成本较低，合理使用还能带来杠杆收益，但债务资金使用不当会带来企业清算或终止经营的风险；股权资金的资金成本由于要在所得税之后支付，成本较高，在企业正常生产经营过程中，不用归还投资者，是一项企业可永久使用的资金，没有财务风险。创业者在筹集资金时应对债务资金、股权资金的优缺点进行比较，并考虑企业的资金需要量，资金的可得性，宏观理财环境，筹资的成本、风险和收益，以及控制权分散等问题，并进行综合分析。

2. 创业融资决策

在进行创业融资决策时，除了考虑不同融资方式的优缺点、融资成本的高低外，还要考虑新创企业所处的生命周期阶段、新创企业自身的特征，了解采用不同融资方式时应该特别予以关注的问题。

（1）创业所处阶段

创业融资需求具有阶段性的特征，不同生命周期阶段具有不同的风险特征和资金需求，同时，不同融资渠道能够提供的资金数量和风险程度也不同。因此，创业者在融资时需要将不同阶段的融资需求和融资渠道进行匹配，提高融资工作的效率，以获得创业所需资金，化解企业融资难题。

在种子开发期，企业处于高度的不确定性中，很难从外部筹集债务资金，创业者个人积蓄、亲友资金、天使投资、合伙人资金以及创业投资可能是采用较多的融资渠道；进入启动期之后，创业者还可以使用抵押贷款的方式筹集债务资金。

企业进入成长期以后，已经有了前期的经验基础，发展潜力逐渐显现，资金需求量较以前有所增加，融资渠道上也有了更多选择。在成长早期，企业获得常规的现金流用来满足生产经营之前，创业者更多地采用股权融资的方式筹集资金，合伙人资金、创业投资等是常用的融资方式，此时也可以采用抵押贷款、融资租赁以及商业信用的方式筹集部分生产经营所需资金；在成长后期，企业的成长性得到充分展现，资产规模不断扩大，产生现金流的能力进一步提高，有能力偿还负债的本息，此时，创业者更多采用各种负债的方式筹集资金，获得经营杠杆收益。

（2）新创企业特征

创业活动千差万别，所涉及的行业、初始资源禀赋、面临的风险、预期收益等有较大不同，其所要面对的竞争环境、行业集中度、经营战略等也会不同。因此，不同新创企业选择的资本结构会有所不同。高科技技术公司或有独特商业价值的企业，经营风险较大，预期收益也较高，创业者有良好的相关背景，较多采用股权融资的方式；传统行业的企业，经营风险较小，预期收益较容易预测，比较容易获得债权资金。实践中，新创企业在初始阶段较难满足银行等金融机构的贷款条件，债权资金更多采用民间融资的方式。

第七章 企业的创立与经营

第一节 企业创立前的准备

一、心理准备

人人都可以创业,但不是人人都可以成功。创业的成败取决于创业前的"充分"准备,取决于创业过程的"细节"。创办企业仅仅有激情是不行的,还需要我们做好各方面充分的准备,包括心理准备、资金准备、知识准备、经验准备和资源准备等。一个成功的创业者,首先要做好心理准备。

(一) 淡然面对压力和挫折

在创业神话之下,创业者必须接受的一个重要考验即是面对来自各个方面的压力。创业者在面临压力时应冷静地定位压力来源,排除掉无端的压力。压力有时是危机的前兆,因而,分析压力之后的结果往往对预防危机有极大的帮助。创业者每天都会面对各种各样的挑战,因而挫折的出现概率非常高。创业者对于挫折的出现不必也不能反应太过强烈。面对挫折,首先要冷静地衡量挫折带来的杀伤力,对优秀的创业者来说,挫折不是创业的结束,而是继续创业的动力。

(二) 持续的自我推动力

竞争意识、紧迫感能和理想是创业者自我推动力的主要来源。竞争意识使得创业者更具有对新事物的敏锐直觉和不断发展事业的激情。紧迫感促使创业者在一定时间内达到目标,在成就事业的过程中通常起着催化剂的作用,不断激发着创业者的潜在能力。理想则能够使创业者从更高的层次来着眼创业,比如人类的福利和社会的进步,使人产生道德感和社会责任。创业者带着这种崇高的感情往往能够被激发出想象力和创造力,甚至促进良性的竞争环境和经济发展环境的形成。

（三）坚持自己的理想与信念

当我们选择创业道路时，实际上就已经具备了相当的自信——相信自己的能力，相信自己的创业计划，相信自己选择了正确的道路。其实，不仅仅是在创业初期，在整个创业过程中，自信都是效果最好的武器。自信可以避免在压力面前动摇，自信使创业者能够坚持自己独立的、反复思考做出的决定。对事业的坚定是创业者必须具有的一种心理素质，坚定的创业者视野中永远都不缺乏目标。明确目标、不断进取是创业者最大的"财富"。

（四）乐观、冷静地面对问题

乐观的态度使创业者能够以平常心来看待创业，帮助其从容面对困境，避免陷入悲观和不知所措的慌乱。冷静在逆境中能使创业者抓住问题，让解决问题成为可能，而在顺境之中，冷静则能赶走创业者心中的浮躁。

（五）独立、实干及合作精神

具有实干精神的创业者才能将纸上的理想化作现实的事业。创业者在创业初期往往可能身兼数职，必须吃苦耐劳，否则再可行的企划都会"流产"。独立和合作精神直接关系到创业者的两种角色：独立的创业个体和创业团体中的一分子。创业者的独立使创业者具备敢闯敢拼的勇气，拥有思考的自由空间，能保持创业者个性特色。合作精神使不同的设想和提议能够在融洽的氛围中互相启发，形成最合理的解决方案。

二、资金准备

创业之初，处处都需要资金支持。企业的创立者不仅要估计所需的创办资金，还要预计企业在发展初期所需要的经营资金。我们必须知道企业将有哪些开支，有哪些资金来源。还要了解何时借款，何时购物，存货多少，何时还款等。创立企业一般要考虑以下几个方面的资金使用。

（一）注册资金

创办具有法人资格的私营企业，生产公司的注册资金不得少于30万元；从事批发业务的商业公司的注册资金不得少于50万元；从事商品零售业务的商业性公司的注册资金不得少于30万元；咨询服务性公司的注册资金不得少于10万元；其他企业法人的注册资金不得少于3万元。创办不具有法人资格的独资企业或合伙企业，对最低注册资金没有具体要求。原则上要求与公司的经营范围、方式和规模相适应，注册资金与实有资金相一致。

(二) 固定资金

固定资金是指以货币形式表现出来的固定资产价值，包括用于场地、厂房的租金，生产及运输设备的投入等主要生产设备的资金。

(三) 流动资金

流动资金是指用于支付劳动工资、生产原材料以及其他生产经营费用等的资金。大学生创业，也可以称为挖掘人生的"第一桶金"。"现金为王"是企业管理的金科玉律，许多企业死亡在资金周转不灵，因此资金准备对于大学生创业尤为重要。

大学生社会阅历浅，财富积累贫乏，创业的第一桶金大部分靠筹措得来。有的依靠家人、亲朋好友的资助，有的通过申请政府或者企业的创业基金支持，也有的从小本经营入手逐渐积累财富。无论如何，没有资金的准备和支持将使大学生创业陷入"巧妇难为无米之炊"的尴尬境地。

三、知识准备

对于大学生创业所需知识的讨论揭示了一个重要命题，即缺乏知识准备的大学生创业很难走向成功。大学生如果想创业，必须要有合理的知识结构做准备。创业者必须储备相关的商业、管理、法律等知识，以应对在创业过程中出现的各种问题。另外，对于创业活动来说，在实践中积累经验，根据需要及时补充原先欠缺的知识结构也很重要。创业者必须不断进行自我充电，不断扩大自己的知识结构和知识储备，才能保证在特定状态下顺利进行创业活动，达到创业投资的成功，取得创业利润。总体来说，大学生创业需要积累以下几个方面的知识。

(一) 经济学与管理学的相关知识

创业者了解一定的经济学知识有利于把握国家的经济政策与运行趋势，便于制定正确的企业发展战略。宏观经济学是以国民经济总过程的活动为研究对象，主要考察就业总水平、国民总收入等经济总量，研究整个经济社会如何运作并找出办法，让经济社会运行得更加稳定，发展得更快。微观经济学研究的是某个组织、部门或个人在经济社会上怎么样做出决策，以及这些决策会对经济社会有什么影响。

管理学知识是创业者必须具备的，要想管理好一个企业，我们必须通过专业学习、自学或进修等方式全面掌握企业管理的相关知识，比如企业战略管理、财务管理、人力资源管理、营销管理、物流管理和生产管理等。

（二）财务知识

创业者要时刻关注企业的财务状况，了解企业的运营情况，就需要懂得一些重要财务数据的分析。

1. 企业偿债能力分析

企业偿债能力的大小，是衡量企业财务状况好坏的标志之一，是衡量企业运转是否正常，是否能吸引外来资金的重要方法。反映企业偿债能力的指标主要有以下几种。

（1）流动比率

流动比率=流动资产总额/流动负债总额×100%，流动比率是反映企业流动资产总额和流动负债总额比例关系的指标。企业流动资产总额大于流动负债总额，一般表明企业偿还短期债务能力强。流动比率以2：1较为理想，最少要1：1。

（2）速动比率

速动比率=速动资产总额/流动负债总额×100%，速动比率是反映企业流动资产项目中容易变现的速动资产总额与流动负债总额比例关系的指标。该指标还可以衡量流动比率的真实性。速动比率一般以1：1为理想。速动比率越大，偿债能力越强，但不可低于0.5：1。

（3）现金比率

现金比率=现金类流动资产/流动资产总额×100%，现金比率是反映企业流动资产中有多少现金能用于偿债。现金比率越大，流动资产变现损失的风险越小，企业短期偿债的可能性越大。

（4）变现比率

变现比率=现金类流动资产/流动负债×100%，变现比率反映企业短期偿债能力，又具有补充现金比率的功能。

（5）负债流动率

负债流动率=流动资产/负债总额×100%，负债流动率是衡量企业在不变卖固定资产的情况下，偿还全部债务的能力。该比率越大，偿还能力越高。

（6）资产负债率（负债比率）

资产负债率=负债总额/资产净值×100%，资产净值是指除累计折旧后的资产总额。它反映企业资产总额中负债所占的比重，用来衡量企业生产经营活动的风险程度和企业对债权的保障程度。该比率越小，企业长期偿债能力越强，承担的风险也越小。

2. 企业财务周转能力分析

企业财务周转能力反映企业生产经营资金在获利条件下的周转速度。考核的主要指标有以下几种。

（1）应收账款周转率

应收账款周转率=赊销净额/平均应收账款余额×100%。应收账周转天数=日历天数/应收账款周转率，应收账款周转率是反映企业在一定时期内销售净额（即应收账款的累计发生额）与期末平均应收账款余额之比。该比率用来测试企业利用信用环节销货业务的松紧程度，反映企业生产经营管理状况。

（2）存货周转率

存货周转率销售成本额=销售成本额/存货平均占用额×100%，存货周转天数=日历天数/存货周转率，存货周转率是反映企业存货在一定时期内使用和利用的程度。该比率可以衡量企业的商品推销水平和销货能力，验证现行存货水平是否适当。

（3）流动资产周转率

流动资产周转率=销售收入/流动资产平均占用额×100%。该指标用来衡量企业生产的产品是否适销对路，存货定额是否适当，应收账款回笼的快慢。

（4）固定资产周转率

固定资产周转率=销售收入/固定资产平均占用额×100%，该指标表明固定资产的价值转移和回收速度。该比率越大，固定资产的利用率越高，效果越好。

3. 企业获利能力分析

企业获利能力分析的目的在于观察企业在一定时期实现企业总目标的收益及获利。能衡量企业获利能力的指标主要有以下几种。

（1）资本金利润率

资本金利润率=企业利润总额/注册资本总额×100%，该指标是衡量企业经营成果，反映企业获利水平高低的指标。资本金利润率越大，说明企业获利能力越大。

（2）销售利润率

销售利润率=利润总额/产品销售收入×100%，该指标是反映企业实际的利润在销售收入中所占的比重。该比率越大，表明企业获利能力越高，企业的经济效益越好。

（3）成本利润率

成本利润率=利润总额/成本费用总额×100%，该指标是反映企业在产品销售后的获利能力，表明企业在成本降低方面取得的经济效益状况。

（4）资产报酬率

资产报酬率=（税后净收益+利息费用）/平均资产总额×100%，比率指企业未来生产经营的实力。资产报酬率是用来衡量企业对所有经济资源的运用效率。

4. 企业成长能力分析

企业成长能力分析的目的是为了说明企业的长远扩展能力。企业成长能力的主要指标如下。

（1）股本比重

股本比重＝股本（注册资金）/股东权益总额。该指标用来反映企业扩展能力。

（2）固定资产比重

固定资产比重＝固定资产总额/资产总额，该指标用来衡量企业的生产能力，体现企业存在增产的潜能。

（3）利润保留率

利润保留率＝（税后利润-应发股利）/税后利润，该指标说明企业税后利润的留存程度，反映企业的扩展能力和补亏能力。该比率越大。企业扩展能力越大。

（4）再投资率

再投资率＝（税后利润-应付利润）/股东权益，该指标是反映企业在一个经营周期后的成长能力。该比率越大，说明企业在本期获利大，今后的扩展能力强。

以上各指标是从不同角度、以不同方式反映和评价企业的财务状况和经营成果，因此要充分理解各种指标的内涵及作用，并考虑各指标之间的关联性，才能对企业的生产经营状况做出正确、合理的判断。

（三）法律知识

在创办企业前，必须先了解与商业活动相关的法律条文规定，了解各地对大学生创业的优惠政策，以及对一些特殊行业的具体规定。

1. 基本法律

基本法律有《中华人民共和国民法通则》《中华人民共和国合同法》《中华人民共和国担保法》《中华人民共和国票据法》。

2. 公司企业法律

公司企业法律有《中华人民共和国公司法》《中华人民共和国合伙企业法》《中华人民共和国独资企业法》《中华人民共和国中小企业促进法》《中华人民共和国企业登记管理条例》。

3. 劳动法律法规

劳动法有《中华人民共和国劳动法》。

4. 知识产权法律

知识产权法律有《中华人民共和国著作权法》《中华人民共和国商标法》《中华人民共和国专利法》。

5. 公司企业税法

公司企业税法有《中华人民共和国企业所得税暂行条例》《中华人民共和国增值税暂行条例》《中华人民共和国营业税暂行条例》《中华人民共和国税收征收管理法》。

四、经验准备

大学生长期生活在校园里。对社会缺乏了解，特别在市场开拓、企业运营上很容易陷入眼高手低、纸上谈兵的误区。缺乏经验是目前大学生创业中普遍存在的问题。不少大学生创业者不习惯对其产品或服务做市场调查，而是进行理想化的推断。例如：

"如果有一亿人需要我们的产品，每件利润 5 元，我们就可获得 5 亿元的纯利润。"这种推断是站不住脚的，而且常常起着误导作用。大学生在创业初期一定要做好市场调研，一些可行性研究也可委托专业机构进行，在了解市场的基础上创业才能长久。

大学生创业前要做好充分的准备，一方面，去企业打工或实习积累相关的管理和营销经验；另一方面，积极参加创业培训，积累创业知识，接受专门指导，提高创业成功率。对于大学生来说，创业不能太急躁。积累经验、吸取教训才是最重要的，经验来自生活及工作经历，它形成于我们的成长历程中。大学生毕业后最好先到相关企业工作一至三年，有意识地向各方面的人学习。等有一定的工作经验后再创业，更有利于创业成功。

五、资源准备

除了心理、资金和知识的储备外，大学生创业还需要较好的社会资源来支撑。这种资源与很多人认为的"关系"是有区别的，大学生不是在真空的社会中创业。他们在创业初期往往需要接触到社会的方方面面，只有得到各方面的帮助才能得到健康、有序的发展。创业者需要在社会环境中调动一切有利的因素。对于大学生创业者，建立广泛、有效的社会关系，寻求和争取多元化的社会支持和个人帮助，是摆脱在与社会创业者竞争中处于不利地位的重要因素。

第二节　企业的经营与管理

一、战略管理

企业战略管理是企业在宏观层次通过分析、预测、规划、控制等手段，实现充分利用本企业的人、财、物等资源，以达到优化管理、提高经济效益的目的。企业战略管理是对企业战略的设计、选择、控制和实施，直至达到企业战略总目标的全过程。战略管理涉及企业发展的全局性、长远性的重大问题。诸如企业的经营方向、市场开拓、产品开发、科技发展、机制改革、组织机构改组、重大技术改造、筹资融资等。企业战略管理包括战略制定、战略执行、战略控制等过程。

（一）战略制定

1. 战略制定的依据

（1）外部环境分析

深入细致分析企业的外部环境是正确制定战略的重要基础。

因此，要及时收集和准确把握企业的各种各样的外部环境信息。譬如，国家经济发展战略，国民经济和社会发展的长远规划和年度计划，产业发展与调整政策，国家科技发展政策，宏观调控政策，本部门、本行业和本地区的经济发展战略，顾客（用户）的情况，竞争对手的情况，供应厂家的情况，协作单位的情况，潜在的竞争者情况等。

（2）内部条件分析

内部条件分析包括分析本企业的人员素质、技术素质和管理素质，产、供、销、人、财、物的现状以及在同行业中的地位等，明确本企业的优势和薄弱环节。

2. 战略制定的程序

战略制定一般由以下程序组成：（1）明确战略思想；（2）分析外部环境和内部条件；（3）确定战略宗旨；（4）制定战略目标；（5）弄清战略重点；（6）制定战略对策；（7）进行综合平衡；（8）方案比较及战略评价。

（二）战略执行

为了有效执行企业制定的战略，一方面，要依靠各个层次的组织机构及工作人员的配合和积极工作；另一方面，要通过企业的生产经营综合计划、各种专业计划、预算、具体作业计划等，具体实施战略目标。

（三）战略控制

战略控制是将战略执行过程中实际达到目标所取得的成果与预期的战略目标进行比较，评价达标程度，分析其原因；及时采取有力措施纠正偏差，以保证战略目标的实现。实践表明，推行目标管理是实施战略执行和战略控制的有效方法。根据市场变化，适时进行战略调整。建立跟踪监视市场变化的预警系统，对企业发展领域和方向，专业化和多元化选择，产品结构，资本结构和资金筹措方式，规模和效益的优先次序等进行不断的调研和战略重组，使企业的发展始终能够适应市场要求，达到驾驭市场的目的。

二、人力资源管理

（一）人员的招聘

企业员工的来源渠道主要有招聘广告、就业中介机构、教育机构、员工推荐、人才网站等。在员工管理方面，创业者要关心以下几个方面的问题。

1. 薪酬与福利

对员工来讲，工资是决定他们工作的一个重要因素。他们希望所得报酬能够反映出他们贡献给企业的各种技能以及他们所付出的辛勤劳动。如果创业者想要吸引并留住优秀员工，那么就必须认真考虑在别的企业从事相同工作的员工报酬如何。在所有的额外福利中，病休和假期是员工最为看重的。创业者应该设计一套包括各种额外福利的方案。

2. 业绩考核

一个良好的考核方案，使员工知道他们的工作职责和工作目标，可以有效地激励员工的工作积极性，同时业绩考核的结果可以作为员工提拔、提薪、培训、淘汰的依据。

3. 人际关系

高工资报酬和优厚的福利待遇并不一定能够使员工感到快乐。工作满意度对他们来说更加重要。创业者有责任为员工提供良好的工作环境，并且要确保员工与企业之间总是能够畅通无阻地进行双向交流。

4. 工作条件

良好的工作条件与员工的健康、舒适和安全一样都应该是创业者真正关心的事情。一个好的工作环境不仅可以防止发生意外事故，而且非常有助于提高员工的工作效率。

（二）人员的管理

如何有效地管理员工，如何有效地激发员工的积极性，使员工更加忠诚于企业，尽心尽力地完成工作，是每一个创业者都希望解决的问题。创业者管理员工的时候，要清楚什么事情该做，什么事情不该做。

1. 尊重员工

在管理工作中，将员工当作工具、家长式的作风应当被抛弃，取而代之的应是尊重员工的个人价值，理解员工的具体需求，适应劳动力市场的供求机制，依据双向选择的原则，合理地设计和实行新的员工管理体制。将人看成企业的重要资本、竞争优势的根本，并将这种观念落实在企业的制度、领导方式、员工的报酬等具体管理工作中。

2. 经常交流

员工之间、员工和领导之间需要经常交流，征询员工对公司发展的意见，倾听员工提出的疑问，并针对这些意见和疑问提出自己的看法，如什么是可以接受的，什么是不能接受，为什么，如果企业有困难，应该公开这些困难，同时告诉员工企业希望得到他们的帮助。

3. 充分授权

授权是在管理中比较有效的激励方法。授权意味着让基层员工自己做出正确的决定。意味着你信任他，意味着他和你同时在承担责任。当一个人被信任的时候，就会迸发出更多的工作热情和创意。所以，不要每一项决策都由管理人员做出，可以完全授权的事不要自己去做，管理人员要担当的角色是支持者和监督者。

4. 信守诺言

也许管理者不记得曾经无意间对什么人许过什么诺言，或者认为那个诺言根本不重要，但员工会记住管理者答应他们的每一件事。身为管理者，任何看似细小的行为都会对其他人产生影响。管理者要警惕这些影响，如果许下了诺言，就应该对之负责。如果管理者需要改变计划，要向员工解释清楚。如果没有或者不明确地表达变化的原因，员工会认为管理者食言，这种情况经常发生的话，员工就会失去对管理者的信任。

5. 多表扬员工

成就感能够激励员工热情工作，满足个人内在需要。要公开奖励标准，使员工了解每一个人获得奖励的原因。以公开的方式给予表扬和奖励。表扬和奖励如果不公开，不但会失去它本身的效果，而且还会引起一些员工的无端猜测，影响工作。奖励的态度要诚恳，不要做得太过火，也不要巧言令色。奖励的时效也很重要，要多奖励刚刚发生的事情，而不是已经被遗忘的事情，否则会大大减弱奖励的影响力。

6. 允许失败

要对员工有益的尝试予以支持。不要因为员工失败就处罚他们，失败的员工已经感到非常难过了，管理者应该更多地强调积极的方面，鼓励他们继续努力。同时，帮助他们学会在失败中进行学习，和他们一起寻找失败的原因，探讨解决的办法。批评或惩罚有益的尝试，便是扼杀创新，结果是员工不愿再做新的尝试。

7. 建立规范

订立严格的管理制度来规范员工的行为对每个企业都是必要的。对各个岗位做详细的岗位描述，使每个员工都清楚自己应该干什么，向谁汇报，有什么权利，承担什么责任。当然这种限制不应过于严格，但一定要有。建立合理的规范，员工就会在规定的范围内行事。当超越规定范围时，要求员工事前应得到管理层的许可。

8. 树立榜样

作为一个创业者，在员工中应具有良好的人格魅力，这就需要我们时刻注意自己的言行，在各种行为方式上给员工树立良好的榜样。比如以身作则，严格遵守公司的规章制度；时刻保持自信、积极向上、乐观的精神面貌，用自己的精神状态感染员工；坚韧不拔，勇于面对各种挫折；足智多谋，善于解决企业难题；关心员工；并且帮助员工成长；等等。

三、财务管理

作为一个企业的管理者，除了为企业选聘合格负责的财务人员之外，还需要了解一些基本的财务知识，具备一定的财务意识能够帮助管理者更好地进行企业战略决策，选择企业的营销策略。

（一）财务六大因素

企业财务的六大要素包括资产、负债、所有者权益、收入、费用和利润，这些构成了企业财务的全部内容。

1. 资产

资产是指由投资者拥有或者控制的，能够为企业创造商用价值或者交换价值的各类财产和权利，由固定资产、流动资产等组成。企业会计制度规定，固定资产是指使用期限超过一年的房屋、建筑物、机器、机械、运输工具以及其他与生产、经营有关的设备、器具、工具等不属于生产、经营主要设备的物品，单位价值在 2000 元以上，并且使用期限超过两年的,也应当作为固定资产;流动资产是指可以在一年或者超过一年的一个营业周期内变现或者耗用的资产,包括现金及各种存款、短期投资、应收及预付货款、存货等。

2. 负债

负债是指过去的交易、事项形成的现时义务,履行该义务预期会导致经济利益流出企业,负债由流动负债、长期负债等组成。

流动负债是指将在一年(含一年)或者超过一年的一个营业周期内偿还的债务,包括短期借款、应付票据、应付账款、预收账款、应付工资、应付福利费、应付股利、应交税金、其他暂收应付款项、预提费用和一年内到期的长期借款等。各项流动负债,应按实际发生额入账。短期借款、带息应付票据、短期应付债券应当按照借款本金或债券面值,按照确定的利率按期计提利息,计入损益。

长期负债,是指偿还期在一年或者超过一年的一个营业周期以上的负债,包括长期借款、应付债券、长期应付款等。各项长期负债应当分别进行核算,并在资产负债表中分列项目反映。将于一年内到期偿还的长期负债,在资产负债表中应当作为一项流动负债,单独反映。

3. 所有者权益

所有者权益是指所有者在企业资产中享有的经济利益,其金额为资产减去负债后的余额。企业的资金来源一般来说有两部分:一部分是股东的投入,即所有者权益;另一部分是借来的资金,即负债。企业有了资金就可以购置资产,也就是说企业的资产等于二者之和。当企业经营不好而亏本时,减少的只能是所有者的权益;当企业赢利时,增加的也同样是所有者的权益。可见,所有者权益并不是股东的初始投资额,而是视企业经营好坏而增减,在数量上应等于资产总额减负债总额。

4. 收入

收入由主营业务收入、其他业务收入和营业外收入等组成。主营业务收入指企业(集团)从事某种主要生产、经营活动所取得的营业收入;其他业务收入是指企业除了主营业务收入以外的其他业务活动所取得的收入,如材料销售、技术转让、固定资产出租、包装物出租等取得的收入;营业外收入是指企业发生的与企业经营业务无直接关系的各项收入,包括固定资产盘盈、处理固定资产净收益、罚款收入、确实无法支付的应付款项等。

5. 费用

费用是指企业在销售商品、提供劳务等日常活动中发生的经济利益的流出。费用可划分为产品制造成本和期间费用两类。产品制造成本,是指与生产产品直接有关的费用,包括直接材料、直接人工、制造费用等。这些费用计入产品成本,并从产品的销售收入中得到补偿。期间费用,指与生产产品无直接关系,属于某一时期的费用。

期间费用包括管理费用、财务费用和营业费用。期间费用不计入产品成本，而是在当期损益中扣除。

6. 利润

所谓利润，是指公司、企业在一定期间生产经营活动的成果，即收入与费用相抵后的差额，它是反映经营成果的最终要素。利润是公司、企业生产经营成果的综合反映，是公司、企业会计核算的重要组成部分。利润通常包括营业利润、投资净收益和营业外收支净额等几部分。营业利润是反映公司、企业营业活动的财务成果，包括主营业务利润和其他业务利润；投资净收益反映公司、企业投资活动的财务成果，是投资收益和投资损失相抵后的余额；营业外收支净额是反映与公司、企业正常生产经营活动无关的那些活动所形成的收支，是营业外收入和营业外支出相抵后的余额。净利润是企业实现的总利润减去依法应交纳的所得税之后的净额，是可供企业实际分配的利润。

六大要素的相互关系具体如下：资产＝负债＋所有者权益；所有者权益＝资本＋利润；利润＝收入－费用；资产＋费用（成本）＝负债＋资本＋收入；资产类科目余额＋成本类科目余额＝负债类科目余额＋所有者权益类科目余额＋损益类科目余额。

（二）看懂财务报表

财务信息的主要来源是企业的财务报表。财务报表是企业向管理者和外界提供和公布企业经营情况的正式文件，因此正确编制会计报表对于企业来说十分重要。这些文件包括资产负债表、损益表、利润分配表、现金流量表和财务状况变动表。企业的管理者，可以通过分析企业的财务报表发现问题。另外，财务报表附注虽然是以脚注的形式对财务报表所提供的信息进行解释，但实际上，这与财务报表本身同样重要，需要管理者认真解读。同时，管理者还需要考虑如何合理地减少纳税，减税同增加收入和营业利润一样。增加了其净利润或称"底线"。通常，企业可以用许多方法达到合理减税的目的。

四、成本管理

创业者经营企业是会发生各种成本费用的。为了降低成本费用，创业者必须对企业经营过程中的各项开支了然于胸，并且要设法把各项成本费用控制在企业获取利润所必需的最大限度，从而实现利润的最大化。

企业所发生的各种各样的支出，有的支出可以计入产品或服务的成本，随产品服务的销售得到弥补；有的则形成可支配的财产，在企业经营期内慢慢磨损或被耗用；另外的部分构成经营管理的费用，直接从当期收益中扣减。为了正确计算产品或服务的成本以及企业的利润，需要做好以下工作。

（一）根据支出的性质正确区分资本性支出和收益性支出

资本性支出是指企业为取得受益期在一年以上的财产而发生的支出，如购置房屋、设备、商标专利权等的支出，这些支出因为受益期较长，在发生时不应该从当期收入中扣除，而应计入资产价值，在其受益期内分期摊销。收益性支出是指企业为取得本期收益所发生的支出。其受益期在本期，所以应在支付时全部计入当期成本费用。

（二）正确划分成本和费用

能够计入当期成本费用的收益性支出，按其与生产经营活动的关系，可分为成本和费用。企业用于生产产品或提供服务的支出叫作成本，其是产品或服务价值的基础或构成内容。企业用于经营管理活动的各项耗费或支出叫作费用，比如用于产品销售或宣传的费用、后勤管理的管理费用、在筹集资金的过程中发生的利息和手续费等财务费用，等等。

（三）原料支出

所有被用来加工产品或提供服务的各种物资都属于"原料支出"。那些虽然不是用于生产产品，但在企业经营中是必不可少的物资，比如劳动保护用品、卫生清洁用品等，也算在"原料成本"之内。原料支出按照发生的地点和用途，可分别计入直接成本、间接成本和费用中去。直接用于产品生产或服务提供的原料，计入产品或服务的直接成本；间接使用的原料，如车间为维修机器设备领用的原料，计入间接成本；销售部门或管理部门为经营管理活动而领用的原料分别计入营业或管理费用。

（四）人工支出

一个创业者，一旦把员工招到企业中来工作，就要对员工承担起法律上和社会上的责任，比如员工的工资、加班报酬、福利、各种保险等，这些都应计入人工支出。人工支出按照发生的地点和用途不同，也可分别计入直接成本、间接成本和费用中去。直接与生产相关或与提供的服务相关的工人和帮工的所有支出，属于直接成本；同时为多项产品或服务提供劳动的工人的人工支出，计入间接成本；为经营管理活动服务的销售部门或管理部门的人员的人工支出分别计入营业或管理费用。

（五）其他支出

所有不包含在上述各成本费用项目中的开支都归入"其他支出"。这些支出主要包括电费、水费、电话费、上网费、保险费、租金、宣传广告费、管理费、资金利息，等等。

五、营销管理

不管创业者采用哪一种方式开发市场，都要考虑市场机会和自己驾驭能力，并且必须记住："对于企业来说，生产（经营）什么并不是最重要的，重要的是要了解消费者（客户）需要什么，知道什么对消费者（客户）有价值，考虑怎样才能够方便消费者（客户）购买，进而主动地去满足消费者（客户）的需求。"

广为采用的经典的 4P 营销理论，出现在 20 世纪 50 年代，分别指的是产品（Product）、价格（Price）、渠道（Piece）和促销（Promotion）四个方面的策略。4P 指的是在市场营销中，公司首先应该具备产品要素，包括产品的种类、规格、包装等；接着制订有竞争力的价格策略，包括报价、折扣、付款条件、分期付款等；然后建立销售渠道。解决通过产品运输、仓储完成产品销售的覆盖；最后，厂家通过促销使得潜在顾客了解产品的价值，主要的手段有广告、市场活动、直接销售等。以一家新成立的饮料公司为例，希望能够在几年内占领饮料市场一定份额，应该怎样开始营销呢？

营销的第一个要素是产品。为了满足客户在不同场合饮用的要求，需要有不同的包装方式，包括瓶装、易拉罐、盒装等；为了让顾客在货架上一眼就能区分出自己的产品，还要设计出能够吸引顾客的眼球的产品包装。

接着就是定价。一方面要考虑自己的成本，另一方面要考虑客户能够接受的价格。

还要考虑竞争对手的定价。除了拟订出建议的零售价格外，还有对代理商的价格。代理商又有不同的类型，有居民楼里的便利店，也有超级的大型连锁超市，根据采购量、区域等因素的不同，又要建立不同的价格体系。

有了好的产品和有竞争力的价格，就要发展方便顾客采购的渠道，因为顾客是不会为了几瓶饮料，亲自来工厂采购的。首先发展区域总经销商，然后总经销的网络将产品销售到各地的代理商、商场、超市，最终将产品扩展到每个终端，与之配套的还包括运输和仓储的物流体系。

卖得好不好，最终还要由消费者说了算，营销的第四个要素就是促销。通过电视、报纸、互联网、广播、城市广告牌可以覆盖众多消费者；还可以参加各种展览和活动，使得自己的宣传更有针对性；另外还要组建销售团队，帮助终端销售自己的产品，并承担收款的任务。

参考文献

[1] 张丽. 大学生就业与创业教程［M］. 武汉：武汉大学出版社，2017.01.

[2] 曾杰豪. 大学生就业创业指南［M］. 广州：华南理工大学出版社，2017.08.

[3] 周蓉，凌云. 大学生就业与创业指导［M］. 南昌：江西高校出版社，2017.08.

[4] 陈刚. 大学生就业创业指导［M］. 北京：北京理工大学出版社，2017.07.

[5] 贾强，包有或. 大学生就业创业指导［M］. 北京：中国医药科技出版社，2017.01.

[6] 田延玲，罗锦丽. 新编大学生就业与创业指导［M］. 北京：华龄出版社，2017.09.

[7] 王兆明，顾坤华. 大学生就业创业实务修订版［M］. 苏州：苏州大学出版社，2017.07.

[8] 曾杰豪. 大学生就业创业案例图解［M］. 广州：华南理工大学出版社，2017.08.

[9] 任杰，徐佩杰. 大学生就业指导与职业发展［M］. 北京：国家行政学院出版社，2018.01.

[10] 高双喜，张莹. 大学生就业与创业指导［M］. 西安：西北工业大学出版社，2018.08.

[11] 朱选朝. 大学生就业创业［M］. 上海：上海交通大学出版社，2018.08.

[12] 刘卓，涂建平，张荣. 大学生就业与创业指导［M］. 北京：中国建材工业出版社，2018.09.

[13] 《大学生就业与创业指导》编委会. 大学生就业与创业指导［M］. 北京：首都师范大学出版社，2018.01.

[14] 王海. 大学生就业与创业教育理论研究［M］. 长春：吉林大学出版社，2018.12.

[15] 孟秦，梁玲萍，梅超. 新时期大学生就业创业专题研究［M］. 北京：中国商务出版社，2018.06.

[16] 石鹏建. 大学生就业创业优秀论文选编2018版［M］. 北京：知识产权出版社，2018.09.

[17] 张春平. 高职高专教育规划教材新时代大学生就业与创业指导教程［M］. 苏州：苏州大学出版社，2018.09.

[18] 王斌，刘梅月. 大学生就业创业指导［M］. 济南：山东人民出版社，2019.08.

［19］张向东，李厚艳，林强. 大学生就业与创业指导［M］. 西安：西安电子科技大学出版社，2019. 03.

［20］李向荣. 供给侧结构性改革背景下的大学生就业、创业研究［M］. 北京：中国商务出版社，2019. 03.

［21］陈建尧. "十三五"大学生素质教育丛书开启职场之路大学生就业与创业指导［M］. 厦门：厦门大学出版社，2019. 08.

［22］岳铭. 大学生就业创业指导［M］. 南京：南京大学出版社，2019. 01.

［23］周岩，车美娟. 大学生就业创业指导［M］. 哈尔滨：黑龙江教育出版社，2019. 12.

［24］莫小平. 大学生就业与创业指导［M］. 北京：航空工业出版社，2019. 07.

［25］吴俊华. 大学生就业与创业心理［M］. 汕头：汕头大学出版社，2019. 01.

［26］张哲，高天阳. 大学生就业创业指导［M］. 延吉：延边大学出版社，2019. 08.

［27］王元福. 大学生就业创业教育［M］. 北京：北京理工大学出版社，2020. 10.

［28］林燕清. 放飞梦想筑梦未来大学生就业与创业指导［M］. 北京：航空工业出版社，2020. 01.

［29］石洪发. 大学生就业指导与创业教育［M］. 北京：北京理工大学出版社，2020. 01.

［30］赵子童. 当代大学生就业指导与创业教育研究［M］. 长春：吉林大学出版社，2020. 08.